留学修炼手册：
求学美国，有些雷区不用踩

紫珊 著

ZI SHAN
WORKS

辽宁人民出版社

第一章 留学修炼

- Oh！我的修炼开始啦 …… 003
- 我的同学果然没有那么简单（上）…… 009
- 我的同学果然没有那么简单（下）…… 015
- 宿舍第一天，万万没想到（上）…… 020
- 宿舍第一天，万万没想到（下）…… 025

第二章 得州所闻

- 这个得州不产扒鸡（上）……031
- 这个得州不产扒鸡（下）……037
- 撒谎or诚实，这是个问题……042
- 烤棉花糖·这件事有毒（上）……048
- 烤棉花糖·这件事有毒（下）……054
- 莫作弊，作弊被雷劈（上）……061
- 莫作弊，作弊被雷劈（下）……067

第三章 异国成长

原来我是这样的潜力股	073
开学必修课之知己知彼百战百胜	078
这个室友有点极品啊	082
初遇·终于见到传说中的他们了	087
开学了（上）	096
开学了（下）	104

第四章 蓝颜红颜

- 邂逅（上） ……121
- 邂逅（下） ……129
- 秘密之购物风波（上） ……138
- 秘密之购物风波（下） ……145
- 戏剧表演 ……149
- 世上没有后悔药 ……157
- 谜团解开 ……163
- 人生如戏，戏如人生（上） ……170
- 人生如戏，戏如人生（下） ……177

第五章 最初信仰

- 小柔的春天 ········· 187
- 水落石出 ············· 196
- 暖暖 ···················· 204
- 离别的舞会 ········· 209
- 约定的再见 ········· 218

番 外

关于小柔和 Watson 的新篇章

223

第一章

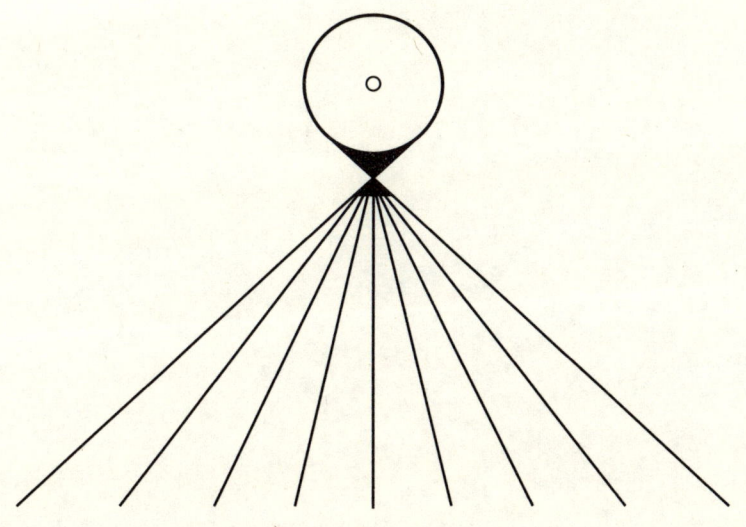

留学修炼

Oh！我的修炼开始啦

飞机缓缓升入上空，伴随着引擎发出的沉闷的声响，我望向窗外，薄雾般的云彩在湛蓝的天幕上中缓缓显现，被清亮的天际线吞没。别人都说蓝色意味幸福，而我现在所见的只有布鲁斯蓝调（一种音乐风格）般的忧郁。我离梦想确实更近了一步，心却遥不可及。

我叫秦小柔，芳龄二八，典型死要面子活受罪的狮子座女生，静若处子，动如疯兔。认真起来连自己都怕，疯起来连自己都打。准高一学生妹一枚，土生土长的上海小囡，骨子里泼辣劲儿与柔软并存。

听说夏天生的小孩脾气都挺暴，为了让我能像个淑女，父母便赋予我名字一个"柔"字，而且是小柔，并非大柔；小柔起来才怡情，大柔太矫情造作。问出国的原因，说得好听点，我是个影视发烧友，为了接受多元化的教育，放弃中考去迎合美国人的套路，考那些和国内应试八竿子打不着的托福、SSAT等。那说得难听点，也有很大一部分是因为理！科！差！

哪怕坐飞机，也得美出新高度。出发前，我精心选择了一套棉质的运动款连衣裤，一个时尚简约型的大双肩包，一双繁复舒适的麻凉鞋，感觉整个身型被拉长了，在轮廓感、造型感之外，还有了一份甜美的气息。我放下双

第一章

肩包，切换了 N 部机舱片库内无聊的老电影，再闭目养神了一会儿，四小时很快就过去了。

我眼巴巴地望着十米开外空姐推向经济舱的手推车，隐约闻到了饭菜的香味，可能是真的饿坏了，我眼神紧紧地跟着那部手推车，在它刚逼近前座时，就大声脱口而出："那个！我要猪肉饭。"

所有人目光齐刷刷看向我，空姐那无语的神情让我尴尬到想挖个地洞钻进去。我假装咳嗽了一声，继续抬起头白日做梦。

嚼着锡纸餐盒里干瘪的米粒和脱水的老母猪肉，我脑海里第一闪现出的是各类故乡美食。在魔都，你不仅有诗和远方，还有七宝古镇特产糕团、杏花楼网红蛋黄青团、阿大葱油饼、彭浦第一炸、城隍庙一条街里的海棠糕和蟹壳黄……唉，这些之后就都没有了。

十小时前，我还慵懒地在家里的床上葛优瘫，混吃等死般地看着指针离出发的时间愈来愈近。后来就不知发生什么似的到了点，我游离地走出了家门，眼看着大包小包被家人分别扛到车厢后座，阵势像是一个即将出嫁的新娘。等我和前来送行的七大姑八大姨们——道别后，车上只剩下了我父母、表姐，还有一个特殊的亲戚——大姨……妈。

我早已做好了麻木的准备，可眼泪还是能随时夺眶而出。狮子女有泪也不能轻弹，所以我只好在前往机场的路上和家人们噶珊瑚（上海话：闲聊的意思）引开注意力。

"柔柔啊，侬说侬啊是会寻一个外国帅哥当男朋友啦？"表姐推了推深度近视眼镜、操着一口上海话打趣道，"不过我觉得啊，那种外国人也不一定会喜欢你，他们不都喜欢吕燕那种中国特色——丹凤眼、方脸的女孩子吗？你这样子，中国男孩子喜欢，外国人倒是不一定的。"

坐在商务车右座的母上大人终于忍不住了:"小潇啊,你也别说咧,我们柔柔去美国是读书的,哪是去找男朋友的,对哦?"她戳了戳目光呆滞的我。

"和学校里的中国人处好关系倒是重中之重啊,我最近看到好多中国留学生被霸凌的案子,你交友一定要给老爸谨慎点。"正在开车,一直沉默着的父亲也发话了,妈妈的脸色唰一下就青了:"霸凌霸凌,我看你这个爸爸当得一点都不灵!人家父母都是说些积极的,你在说些什么啊?"

"好了好了,麻烦让我安静一会儿。本来想在车上休息一会儿的,吵得肝疼。"我没好气地说了一句。换作以前,我肯定被责怪脾气乖戾,现在所有人都顺着我,周遭顿时鸦雀无声。

车匀速地行驶在通往国际航站楼的高速路上,我眼睁睁看着窗外的景象从熟悉到陌生,从陆家嘴繁华地带高耸入云的写字楼到大片无人问津的施工区域。我探出车窗外,闻到了混合着汽油与雨后泥土的咸腥味空气,一架飞机划过上空,留下了一道暂时抹不去的印记,看来离机场只差一步了。过不了多久,我也会和这架飞机里的乘客们一样前往另一个国度。

一到机场就找到了排成长龙的队列,我拿好机票,随同家人挤进黑压压的人群托运行李。当我的行李离我渐行渐远,我就意识到一切都已经改变了。人群中那些留学生早已习惯于奔波两地。我看着周围帮儿女提着行李箱的父母,再看了一眼自己的父母和表姐,默算着还能和他们在这片国土共处的时间。

队列逐渐向前移动,我凝视着那两大个儿沉甸甸的箱子被父亲提上托运轨道渐行渐远,突然间想到,我们每个人都有着自己的生命轨迹和人生行囊,就这样周而复始,有些远去,有些靠近,这才构成了生命的华彩,太多

第一章

沉重、细碎的苦恼更多的只是幻影或幻觉。

我必须要学会舍得以及面对,我对自己说。

学会面对分别、相遇和再见。与任何人的分别都是迟早的事,就算提前了些,也不为之失望,有聚必有分,有分也有聚。

我看着父母和堂姐脸上强忍着感伤,还一直表现出云淡风轻的样子。再向前一步,就是安检口了,我不愿那么早就迈进这个象征着离别的分岔口。我灵机一动,径直走向一家离我们最近的餐馆,发现距登机时间还很宽裕,我嚷嚷着肚子饿,非要拖家人一起再吃顿饭。

明知道机场餐厅里的菜不会好吃到哪儿去,却还是点了许多个所谓的招牌菜。

桌上菜式琳琅满目,爸爸惊讶地看着我,问我为什么一下子点那么多,吃不完还不是浪费。

"你让她点吧。"妈妈看似冷静地说了一句。我吃着红色小碗碟里的菜,红烧肉俨然没有家常菜的一半美味。

"好吃吗?我怎么觉得……一般呢。"表姐也发现了小"猫儿腻",问我为什么觉得味道一般还要硬吞。

"嗯嗯,好吃,好吃。"我一边装出很享受的样子,一边努力下咽这些味道平平的菜肴。

家人的眼神从惊讶转变为一种难以言喻的共情,他们一定能理解我此刻内心所想吧。你们以为我真的很享受这些食物吗?我又不傻。只要能和你们多待一秒就好。

离别终有时,一顿简餐再久也不及一顿两小时的佳宴。近处的安检门就像一个黑洞在召唤着我。原来分开可以来得那么突然。

母亲没有绷住,哇的一声哭了出来。父亲木讷地站在原地。表姐抿嘴微微笑着,轻拍着母亲,用纸巾擦拭泪水。

我也很想哭,但我不能哭。我只要一哭,整个场面就hold不住了,我知道自己的个性,非常感情用事,只要一将情绪掺杂进正事里,就会忘记接下来的步调。

亲爱的,你不能崩,你要学会理性,之后的路大多都要靠你自己了。

所以,很出乎意料,我忍住了,我把快要流下来的眼泪憋了回去。我有很多话想说,甚至在去年今日,我就已经想好了离别感言。可是当真正面临出国时,我又词穷了。家人们的情绪实在太抢戏,我一直讨厌和熟人故作煽情,也不像外国孩子,对家人张口闭口就"我爱你"。

"走之前呢……我有几句话要说。首先,妈妈啊,我再也不会嫌弃你管东管西了,也不会怪你刀功差,烧菜油太大了。然后,爸爸,我知道你一直很关心我。另外,帮我和爷爷奶奶道个歉,暑假没能去看他们,现在后悔了。姐姐,感谢你一直照顾那么作的我,以后也没人和你抢那个台式电脑打游戏咯,哈哈。"我不想把局面搞得太矫情,秦小柔的道别仪式也必须别具一格,"即使这样呢,我也不得不说,妈妈你做菜确实油大。爸爸呢,你还需要会表达一些。姐姐少打电脑,看你近视都快800度了。"

快要道别的那一刻,脱口而出全是肺腑之言。

我迟迟不敢走进那扇门,对我而言那比哆啦A梦传送门更加神奇。我原地叹了口气,用衣角擦去了母亲不停往下掉的泪珠:"喔唷,别哭了呀,我过阵子不就回来了嘛。"我抱紧了她,永远都不想放手,"到了那边又不是不可以视频咯。"一切似乎都云淡风轻。我瞥了眼爸爸,他接我的话补充道:

第一章

"是啊是啊,还可以跟你女儿视频。"说罢,妈妈好像哭得更厉害了。

我感觉这样下去不是办法,我必须要成为第一个迈出这一步的人。

我振作了一下自己,拉起那个随身携带的小箱子。"好了,我要走咯。"我站在他们面前,跳开这座三个人围成的人墙。

"那我们就把你送到这儿了。"表姐眺望着越走越远的我。妈妈终于忍住了泪水,开始恢复理性:"路上小心点!在飞机上多睡一会儿。找到登机口给我发个微信,到了美国给我语音通话!"

我应了一声"好咧",便消失在茫茫人群中。

一个女孩拖着两个随身的行李徘徊于登机口,背过已道别过的家人,刚一转头,泪水便不受控地浸湿了眼眶。我终于要踏上一段新的旅程了。我会遇见谁,会有怎样的对白,都是谜呢。我一定会过得很好吧?既然当初自己选择了出国,如今也要自己去面对,那么多留学生都经历过的孤独。

…………

继续回到那盒猪肉饭上。原来长途飞机上的伙食也没那么难吃,至少比中小学生的盒饭好一点儿。勉强看完两部电影,眯上眼睡了很久,梦到自己到美国学校之后,一连斩获好几个学术奖项,和当地学生相处得很融洽,他们选举我做学生会主席……

梦刚做到一半,我还沉浸于自己的乌托邦幻想中,飞机就快降落了。

我的同学果然没有那么简单（上）

虽说不是第一次去美国，我对那里还是存在无尽的遐想。现在是北京时间8月20日，星期三，晚上8点整，一天时间已经悄然溜走。照理来说，天幕应该早已繁星点点。可当我按照广播要求调直椅背并拉开遮光板时，外面却正当白昼，我已经在遥远的另一块大陆了。

我邻座的这位男性，无论他是金城武或是京城武大郎，光凭是男生这一点，我多多少少还是得利的，至少有人能帮我拿置放于高处的行李。

于是我拿出了我的百宝箱——化妆包，装备可以说是应有尽有。干洗发喷雾、润肤乳、粉底、眉笔、日抛美瞳、姨妈巾等都是旅行必备。趁下飞机前赶紧梳理好头发，简单化化妆，扒开充血的双眼，戴进美瞳。嗯，秦小柔总算回归了，perfect。我一定要给同学们完美的第一印象。

飞机匀速着陆达拉斯—沃思堡国际机场，透过玻璃望向这片土地，几乎和中国机场没大区别，只是飞机外的工作人员都换了面孔。梦想果然近在咫尺。每年都有很多学子盼望着出国，有多少人由于多种现实因素，不得不停滞原地；有多少人如我一样，幸运地踏上了这片未知的征程；又有多少人，不懂得珍惜到手的福分，在异国他乡自毁前程。我触景生情，立志要交到很

第一章

多外国朋友,要尽可能当上学生会主席,要成立社团,要内外兼修,达到完美……

我跟着大部队下了飞机前往行李托运处,跟着陌生而熟悉的英文航班信息找到了确切位置,老外占大多数的人群中掺杂着几张亚裔面孔,很是亲切。我仿佛身临其境于一部自导自演的美国大片。

出发之前,受我妈妈委托,表姐早已一手包办好,帮我把宿管主任的手机存到了通讯录里,这会儿,我拨通了宿管主任的电话,一通电话拨过去,和在中国打电话的模式相同,传来一阵忙音。我特怕自己出洋相,变得连电话都不会接。接线员在电话那头操着一口流利的美式英语,语速极快,对于初来乍到的我来说还似懂非懂。还好不久后,传来了一个经典的女士美音:"Sorry, the number you dial is busy now, please redial later.(对不起,您拨打的号码正在通话中,请稍后再拨。)"

看来这号码是占线了,我东张西望了半天,连一个校车的影子都没见到,我正准备找个咖啡厅先点上一杯饮料消磨时间,就看到玻璃门外杀来一辆面包车,定睛一看,居然和学校官网上展示的校车图片一模一样。

车窗内,驾驶座上坐了一个年逾六十的白发妇女,定睛一看,这女子就是那位网络面试过我的招生官——Ms. Ross(Ross女士),也同时兼着宿管的职位。她认出来了我,主动和我打招呼示意我上车。我快步推着箱子跑上前,她热情地打开车的后备厢。我把行李推到车子边上,迫不及待地想见新同学。结果,这位看似无比慈祥的老太太居然来了一句,"Why not settle down your luggages?"(为什么不安顿好你的行李呢?)

我差点就说出一句"What(什么)?",作为负责我们的宿管老师,难道不应该是你帮我放置好行李的吗?这句话到了嘴边,还是憋了回去,自己扛着三个箱子进后备厢。谁让她是个老奶奶呢。

上了车，只听到宿管奶奶在给其他学生打电话，显然，我不是最后一个到的。

从拿到学校录取通知书的那一天起，我就想象着留学生活，也好奇将遇到什么样的同学和我一起度过宝贵的时光，可当我这么猝不及防地遇见他们时，才意识到我有多紧张。第一次露面我想给同学留下良好的印象。

我印象中的美国学生都应该特别热情，恨不得初见就把你揉进他们身体里。可是这部车上的同学们，都仅仅含蓄地朝我微笑，他们中大多都是金发碧眼，抑或是颇有异域风情的立体五官。不愧是外国人，杏眼和欧式双眼皮是他们的标配，当然这些人里也掺有几张亚洲面孔。我愣在原地，不知道该坐在哪里，也不知道该和谁说话，场面尴尬了几秒。

最先引起我注意的是一张亚洲脸孔，黑长直的头发，配上流行的空气刘海，耳朵上戴着一对香奈儿的限量款耳钉，她的五官不算特别漂亮，却化得很精致，看来是个爱美的女孩儿。

此刻她正热络地和校车上的人聊天，大家似乎对她的聊天内容也非常有兴趣，她们有说有笑聊得非常嗨。

她看到我在看她，主动和我打招呼："Hi, I'm Sherry, from China.（嗨，我是Sherry，来自中国。）"

"你是中国人？"我没想到她真的是中国人，这让我有点小小的激动，他乡遇故知，第一个主动和我打招呼的人居然是中国人，这让我感到了来自同胞的场外援助。

"是啊，我是南京的，你是哪儿的？"

"我是上海的。"

第一章

"侬好侬好。"她像模像样地学起上海话和我说你好,"怎么样,讲得还标准吧?"我被她的上海话逗笑,紧张的心情放松了不少。

"新生刚来国外读书都会不适应,待一段时间熟悉了就好了。"Sherry 一副过来人的口吻和我说道,让我一颗迷茫的心瞬间有点放松。"你坐我前面吧,我们一会儿还能聊聊天。"Sherry 贴心地指着她前面那个空位。

"好的,谢谢。"

"Sherry……"

我还想和她聊点儿什么,有人在后面喊了她的名字,她对我抱歉一笑,又迎了上去。

看得出 Sherry 这个人不仅热情而且人缘应该也不错,而且她一副和大家都打成一片的做派让我不由得有些羡慕。不像我,既想和美国本土学生成为好朋友,又想和中国同学处好关系,到关键时候,居然生怯了,不敢主动上前搭讪任何人,生怕和外国人说话尴尬,且也不确定那些亚洲面孔的具体来路,他们可能是韩国人、日本人,或者 ABC(American-born Chinese,出生在美国的华人)。

我在 Sherry 前面的位置坐下,随便扫视了一圈。

坐我旁边的是一个有着精致小 V 脸的女孩儿,她皮肤是健康的古铜色,深棕色的头发自然卷曲着,五官深邃,眼神灵动地张望四周。她脸上带有简单的妆容,显得颇为成熟。外国人也有不同国籍,就拿南非白人和美国白人举例,长相相似的两人极有可能来自相隔甚远的两个国度,所以我很难确定她到底是哪里人。我看到她也一脸茫然,似乎和我一样在找朋友熟络。我看着她还算面善,便鼓起勇气主动搭腔。

"Hi, I am Vivian. Very nice to meet you.(你好,我是 Vivian,很高兴

认识你。)"最简单的一句话打破了沉寂。

"Nice to meet you, too. I'm Maria. (我也很高兴认识你,我是Maia。)"她也简洁明了。

通过了解基本信息,原来她是个印度人,今年14岁,居然比我还小,看起来却像一个大姐姐。

"You like ukulele？(你喜欢尤克里里吗?)"

我这才听出她的印度口音。虽然我对尤克里里并不清楚,但为了能交到朋友,还是得不懂装懂。

"Sure, I like it sooo (故意拖长尾音) much. I've heard lots of ukulele's songs. Do you play the guitar? (当然,我也非常非常喜欢。我听过很多尤克里里的曲子。原来你弹吉他呀?)"我带着一丝迎合似的语气。

一提到爱好,她原本紧皱的眉头舒展开了,"Yes. Then we'll have many things to talk about. Let me show you." (是啊,我们会有很多东西可以一起聊的。让我给你看看。)

说罢,她示意我一个她抱在怀中的小黑袋子,给我看她的乐器。然后,又打开背包,掏出那本皱巴泛黄的乐谱,像嚼了炫迈一样想停都停不下来,就差在车上弹起来了。就当我预测到她即将开始她的表演时,我毅然决然地用婉转的语气阻止了她:You will be more than welcome to play it when we get back to dorm. (你回到宿舍怎么玩都可以啊,大姐。)

说是很欢迎她回到宿舍再弹,其实心理活动是,您在哪里弹都可以,千万不要在车上呀。首先你要摊开这一对摆设,演奏完还要收起来,坐在旁边的我还要受苦。阿弥陀佛,大姐,我目前真的没心听。

吃过几次印度飞饼,也看过开挂的印度视频,感觉印度人应该也是和他

第一章

们的菜式一样热情似火。可这个女孩看起来属于少有的害羞型,只有说到她感兴趣的事,那乌黑深邃的双眸才会泛起灵动的光泽。

越来越多的人上了车,陆续填满整个车厢。宿管奶奶在确定完人数后,说了一句:"除了Cecilia全都齐了。"车门随着这句话缓缓关上。

下面有人开始窃窃私语,大概在聊这个没有来的Cecilia是何方神圣。

我的同学果然没有那么简单(下)

我认真地观察着每一个人,学术实力和教学理念是我们申请这所学校的最大因素,第二因素就非这里的亚洲学生比例莫属了。一个500人的高中,中国学生只占全校的5%。我努力寻找着迎面而来的中国面孔,期待着那种异国逢老乡的亲切感。同时也心生惧怕,怕一不小心就和某位老乡成为好朋友,从此就距离本土学生越来越远。

"你是……中国人?"一个女孩的声音打破了我的再次沉默。

我点了点头嗯啊了一声,倒是她主动说出了我的想法:"以后我们还是说英语吧。My name is Cindy 苏雨萌,very nice to meet you. I'm from Jiangyin.(我叫Cindy苏雨萌,很高兴认识你,我来自江阴。)"这个江阴的女孩儿面带微笑和我握手,用中文解释了"雨萌"两个字的写法。

她的英语并不算标准,不过从那副超厚眼镜可以看出,她一定是个学霸,而且从两只镜片里透出卡通片一样的蚊香眼尤其可爱。从发型到服装,她都是中国学生标配——大光明、长马尾、棉T恤和牛仔裤,和我想象中纸醉金迷的留学生不一样。

"哇,你名字好可爱啊。那就好,我们接下来就用英文对话。My name

第一章

is Vivian."我喜笑颜开,总算不用担心自己苦心经营的语言氛围遭破坏了。

那位同学自然坐到了我后座,她试图和我说话。虽然她已经说过会与我英语交流,但去学校的一路上,我仍尽量和我的印度朋友聊天。

Maria非常慢热,但聊着聊着就嗨了,开始谈到自己父母的职业,再到谈过多少个男朋友,最后还和我吐槽了下她的前男友们:"Breaking up with me is his biggest loss ever.(跟我分手是他最大的损失。)"我们惬意地坐拥在窗外飘进的风中,她柔和的样子让我在异国他乡感到温暖。

一直听留学的朋友们说,中国学生很难融入外国学生圈,我却不这么觉得。至少现在,我和这位印度女孩的对话轻松自在,我们都一点点敞开了心扉。我朝Maria又看了一眼,寻思着,再多玩几天,马上我俩就会变成闺密了吧。

Sherry看我和Maria笑得前俯后仰,尝试把头伸到我们俩的座位缝隙中,加入我们的对话。她自信地用着一口有点口音的英语,但这丝毫不减Maria对她的热情度。我心想,要是论起口语水平,我肯定能甩她好几条街。但是她能一见面就展现出宛如老友般的状态,和大家都相处融洽,像她这类个性的人,社交方面应该非常讨巧,就连外国朋友们都能忽略语言这一关,乐意和她交朋友。

"Is this your first visit to America?(第一次来美国吗?)"在和Maria聊得差不多后,Sherry抓住机会主动和我聊天。

"No, I've been here before, but only for travel. And you?(以前也来过,不过都是旅游才来。你呢?)"我有点好奇,Sherry这么放松自如的状态是不是源于她对这里的熟悉。

"I've studied here for three years, a truly old bird.(我在这所学校读了

三年。现在都是老油条一个啦。)"Sherry开着玩笑。

"Then why you came at the same time as freshman?(那你算是老生了啊,怎么还和我们新生一个时间到呢?)"按照学校的规定,只有新生要提前一周来学校熟悉环境,老生到了开学时间直接来上学就行。

"I've nothing to do at home anyway. So I came early to see you guys.(我待在家也没事干,提前来可以和你们先联络联络感情嘛。)"她解释道,"I can make more friends then, isn't it?(这不就认识了好多朋友吗?)"以她的性格的确很容易交到朋友。

"Well, it's still hard to make close friends, especially with foreigners.(不过,要交到好朋友却是很难的,特别是外国的好朋友。)"Sherry讲这话的时候特意压低音量。应该是担心周围有中国学生听到。但是目光却指向我身边的Maria。

"Really? It seems you have a good relationship with everybody.(会吗?我看你和大家都关系很好啊。)"我对她突然和我说这么掏心的话有点惊讶。

"People here are very enthusiastic. And it's simple to have a small talk or just say hello to them. But it doesn't mean you are close. It's just politeness.(这里的人都很热情,在国外寒暄啊聊天啊这些都很简单,但是热情不代表关系亲近,很多都只是表面上的客气。)"Sherry语重心长地拍拍我的肩膀,"This is just a friendly remainder, rookie. You'll know what I mean some time later.(我看你小白兔一个,才忍不住提醒你,以后时间久了你就知道了。)"

我发现Sherry讲话总是喜欢端个大姐姐的架子。可是她既然觉得很难交到好朋友,却提前来学校和大家处好关系呢?这未免有点矛盾。

第一章

她拍我的时候我看到她手上戴着一个卡地亚的经典手环，看来是个有钱人家的大小姐。但是有钱人家的大小姐为什么会这么世故？真是捉摸不透。

我没有和 Sherry 继续聊下去，我觉得只要我拿真心对待别人，就一定能交到真心的好朋友。

我继续观察校车上的这群人，住宿的都是国际生，国际生中占比重较多的还属外国面孔，中国人寥寥无几，我尝试挖掘出所有潜在中国人的可能性，突然又发现一个长着亚洲面孔的女孩儿。她皮肤呈古铜色，那头 lobo 造型明显是漂染过的，配上她烟熏色的眼妆，一身欧美风的打扮——一身半截套装衣裤，我敢断定她是个 ABC。

车上还有另外两个中国男生，都是典型的学霸脸，唯独我个性时尚的着装看起来格格不入。路上他们一言不发地打着手机游戏，沉浸在自己的世界中，其中一个男生在旁边对着别人的屏幕指指点点，时不时发出激动的声音，看到我偷瞄他，向我白了一眼。

曾经听在国外定居了 20 年的阿姨说，到了美国就该入乡随俗，多跟本地学生交流，减少和中国学生一起说中文的频次。如今看到这般景象，我的心情有点矛盾。

这还是我头一回来美国南部，一切都是新鲜无比。没矛盾多久，马上又被车窗外的风景吸引了注意力。比起洛杉矶，这里更加的淳朴。我探着脑瓜四处张望，鲜有困意，反而动力更足了。手机地图显示，从机场到学校大约需要 40 分钟。

印度小姐和苏雨萌早已倚着车窗呼呼大睡，其他人也陆续入睡，我的心情仍旧难以平静下来。茂密的植被覆盖住高速公路旁的建筑物。那边的房屋都非常低矮，绝大多数是西班牙式建筑，有些是古堡风，还有少数带有几分哥特色彩，极少数是后现代风和浮夸的巴洛克式。墙面上刷着薄红色的油漆，温婉得刚刚好。虽说国外建筑历史悠久，但都装修得干净清爽、别具一格。远处电线杆上停着一排迷途的鸟儿，傻呆呆望着前方，和我一样精神抖擞地遥望着未知。这里的节奏很慢，车速也很慢，足以驶往永恒。

慢慢地，车绕进一条狭长的甬道上，周围绿树成荫。我远远就看到了路牌。校门口的门卫大叔微笑向我们打招呼，他戴着一顶得州风格牛仔帽，身后扛了一把长枪。身后的男生们终于放下了游戏，只听见此起彼伏的一声声："好酷。"

我不禁踮起脚来张望，我在学校网站上看过无数次的照片终于成真，我留学的第一站，我未来几年的生活之地，终于到了。

宿舍第一天，万万没想到（上）

我印象中的学校，应该遍布学术风甚浓的平楼。这个学校开进去最先看到的是园林，还会看到小松鼠在树上嬉戏，看起来和学校完全沾不上边，活脱脱像个森林公园。只有攀上一个坡，才能清楚看到教学楼和一座教堂，仅仅从外观看，这座装潢简洁的教学楼在周围平房的衬托下看起来蔚为壮观，足以容纳全校学生了。

当然，我最期待的还是宿舍。没到美国之前看到过许多国外宿舍的图片，也读过不少关于那些宿舍有多么"人性化"的报道，这次可算能一睹真容了。

车停在了一个小型房舍旁边。我一下车就惊讶得合不拢嘴，也看到苏雨萌震惊得张大了嘴巴："哇，这是我们的宿舍吗？"苏雨萌难以掩盖自己的激动之情。

几乎所有的学生都露出了欣喜惊讶的表情，唯独Sherry一副见怪不怪的样子，甚至还不时指着建筑跟身边的同学说着什么，看来应该是在和旁人介绍这里的情况。

那幢房子看起来只有一层高，墙外刷了混合糖果色的油漆，玻璃门外挂着数个手工编织的风铃，随春风雀跃，奏出轻快唯美的乐章。玻璃门上粘着各式各样的贴画，还有来自不同国家的单字，仔细找找竟然发现了中文。门口的吊床是用彩布织成的，各处艳丽的色彩组合在一起，并没有局促之感，随意中带有一份恬淡的优雅，一切都仿佛是大自然赐予我们最原始的礼物。

原来这就是美国宿舍的样子，准确地说，应该是美国南部村庄该有的样子。鲜明的墨西哥特色融合在得州牛仔的淳朴之情中，独在他乡亦不会感到孤独。

Ross女士带领我们推门而入，几个金发碧眼的男女早已端坐会客室内。她向我们介绍了这些人的身份，原来他们正是我们的宿管。

"Hello, everyone."他们见到我们进来，纷纷站起来跟我们热情地打招呼，笑容可掬。如果说一开始，我还有一丝拘谨的话，到这时已经烟消云散。

面前的这个大房间叫作common room（公共客厅），可供异性来访时暂坐。公用会客室内，异域风情的摆设随意而有特色，学生们的绘画作品落落大方地张贴在墙壁上。落地式吊灯发出鹅黄色的灯光，照亮每个面带浅笑的脸庞，给这个小窝增添一抹温馨。各类设施应有尽有，就连电磁炉和餐具都整齐排列在一个巨大的冰箱旁边。一切都颠覆了我刻板印象中宿舍的模样，像是一个少女心爆棚的私人客厅。

我看向对面的宿管，一共有五对，大多都比较年轻。我一边扫视，一边祈祷自己一定要分配到一个好人家。他们开始陆续做自我介绍，起头者是高傲的Thomas（托马斯）夫妇。

Thomas是学校新来的宿管，长得很像发福后的加拿大演员"大山"。

第二对是Brown（布朗）夫妇，有两个四岁大的孩子，看起来十分和蔼

第一章

可亲。他们都是基督教信徒，平时热衷烘焙。非要说个缺点，可能就是他们调皮的男孩儿，一直围着我们团团转。这对双胞胎勉强入我法眼。

另外两组宿管也分别给出了属于自己平淡乏味的自我介绍。要论最吸引我的，还是最后那对年轻女子。

她们还没开始自我介绍之前，我已经被她俩吸引了。其中一位有着一头栗色自然卷发，身着无袖碎花连衣裙，可以看出若隐若现的"事业线"，脸上始终挂着恬淡的笑意。另一个走的则是知性风，穿衣风格神似Taylor Swift（泰勒·斯威夫特）。她们俩都有海蓝色的深邃眼眸，一旦陷进去就难以自拔，她们俩不仅颜值艳压全场，而且举止优雅。

其实早在大家见新老师的第一面起，就对这两个美女议论纷纷了。有人说："这里都是夫妻当宿管老师，这两个人不会是'百合'吧？"更有人应声附和："人家长得美，'百合'怎么了？"

我看向Sherry，她果然在跟身边的朋友讨论这两位美女老师，她悄声地说着什么，身边的朋友露出原来如此的表情。我距离比较远，什么也没听清。

现实分分钟呼了那些八卦者们几个大嘴巴子。人家明明只是好闺密，因为喜欢孩子，也喜欢异国文化，所以住在一起当宿管。

还是有人对这份解释难以置信，也始终有人传言她俩是同性恋，包括那个天生一张正经脸的江苏女孩Cindy，竟也操着带有口音的英语同外国友人八卦了起来，"Vivian, why not join our conversation？（Vivian，为什么不加入我们的聊天呢？）"她拉着我加入她们的八卦阵营中。对我来说，这个原本温婉的学霸形象在我心里大打折扣，看来别人给我灌输的理念成真了，留学生们总是不改八卦的本性。我默默祷告，以后还是要想办法避开这一票人才是。

中文的八卦声此起彼伏，仗着这逆天的颜值，我仍旧希望这两个肤白貌美的美女老师当我的宿管。

本以为自我介绍部分已经告一段落，没想到那个Ross还要求我们介绍自己，必须要涵盖姓名、英文名、年龄、兴趣爱好，以及来美国读书的原因。

虽然说我英语还算流利，但仍怕自己出岔子而被人耻笑。幸亏我不是被要求第一个做自我介绍，还能趁着他们发言的时候，好好准备准备。

其他人说话我都心不在焉，只关注到了每个人说完话后，无论是寒碜的还是流利的英语，都会迎来掌声雷动。

可以说这些同学里，我最感兴趣的还是Sherry，排在Sherry前面的刚好是之前车上角落里的那个亚洲女生。

"Hey, guys. I'm Fiona. I'm very glad to meet with you guys, and be you all's friends." 流畅的美式口音让我心生羡慕。

"I'm 18 years old. I'm from Tokyo, Japan. I've been studying in the States for three years. I like…"

原来这位欧美范儿的女孩竟来自日本！我印象中的日本女孩，应该是像新垣结衣一样的保守乖乖女，应该是森女的扮相，可眼前这位火辣女子，完全和这些沾不上边。

我看出好多中国学生都流露出震惊的表情，估计一开始也都以为这个口语地道，与当地学生交流任何话题都轻松无障碍的她，是个ABC。人不可貌相，眼界宽了，就知道以貌取人不靠谱。

接下来就到了在车上和大家都很热络的Sherry做自我介绍，她之前的热情和对校园的熟悉让我对她有了好感也有了好奇，忍不住朝她多关注了

第一章

一些。

她从容地站起来，对大家微微一笑，就开始做自我介绍。

她的介绍和刚刚在校车上和我说的差不多，她从初中就在这所学校上学，今年刚刚考上这所学校的高中，她对这所学校有着很深的了解，所以刚刚在校车上会对我说那样"长辈"般的话。

"欢迎大家到宿舍找我玩，我给大家都准备了小礼物。"她坐下前还愉快地邀请大家去她宿舍玩。

没想到Sherry居然会为大家准备小礼物，这个客气的行为只有中国人才具备，而她小小年纪已经把人情世故掌握得如此清楚，不禁让我对她刮目相看。

中间还穿插着几个中国男生，三个人里第一个做介绍的是来自辽宁的Jackson，就是刚刚在校车上一直低头打游戏的男生，他长了一张理科男的脸。他说Jack这个名字太普遍，为了能更特别，就在后面加了个son。他说话的语气带着一股浓厚的东北腔，任何尾音都特地强调了下，说得我直憋笑。

紧接着Jackson的是Simon。在校车上向我翻白眼的男生，他和Cindy一样来自江阴，瘦高，戴着眼镜，他的英语说得很好，没有任何口音，看上去和苏雨萌一样像个学霸，只是讲话的时候喜欢做些夸张的表情，配合他的动作，看上去非常外向活泼。

事情总是发生得出其不意，我永远也不会想到，未来的日子会和这两个男生有瓜葛。

宿舍第一天，万万没想到（下）

很快就轮到我做介绍了。当听到Ross女士报我的名字时，所有人都齐刷刷看着我。

我"咳咳"一声，清清嗓子："Good afternoon, everyone. My Chinese name is Qin. You can just call me Vivian. I'm a 16-year-old freshman from Shanghai, China. My passion is into art and photography. My hobby is to write novels, lyrics, and paint. I hope to make friends with all of you, especially with you who have the same interests as mine. Thank you."（下午好。各位。我姓秦，你们可以叫我薇薇安。我是一个来自中国上海的16岁新生。我热爱艺术和摄影，也喜欢写小说、写歌词和绘画。我希望能和你们所有人都成为朋友，特别是和我有共同兴趣的你们。谢谢。）

我稍微改了几个字眼，就照猫画虎地把N个月前招生官面试我时用的稿件搬到这里来。台下还是一如既往给出了热烈的掌声。这是美国文化客套的方式。我有点悻悻然：不知道未来会与在座的各位发生什么，也不知道如今给你鼓掌的人里面，有几个是装模作样，又有几个是真情实意。这种过于友善的相识方式磨平了人们的棱角，我反而更希望看到大家能够真实地表现出

第一章

内心反应。

激动人心的时刻莫过于宿舍分配了,我们分别被 Ross 女士叫到不同宿舍。我都不用挪步,直接待在原地便是。

这栋楼是宿舍总部,平时有小活动或者美食,大家都会聚集在这里。这间宿舍的管理人员正是那对有俩熊孩子的基督教信徒。前一秒我还在感叹宿管老师为什么不是那两个美女,后一秒看见桌子上香喷喷的布朗尼蛋糕顿时就心理平衡了。看来以后会是惹得别的寝室同学羡慕嫉妒恨的节奏,只怕是这一学期下来得胖起码十斤哪。

"Vivian, Maria."

我听到自己的名字,下意识一抬头,原来是 Brown 夫人叫到了我的名字。我只顾观赏桌子上那些点心了,完全没有反应过来现在已经到了分配寝室的时间。我们是最先被叫到的两个,这代表这位印度小妞将成为我这一学期的室友啦!

或许这就是冥冥之中的缘分,我窃喜。一来,我正希望找一个来自美国或异国的室友,以便更好地了解本土文化,融入大环境;二来,之前和她聊得不错,应该能成为好朋友。

我和 Maria 相视一笑,推着各自的大箱子进了同一间"闺房"。

推开房门,宿舍里的一切让我惊讶,迎接我们的是一间被打扮得非常漂亮的房间,墙上贴满了各种带有图案的贴纸,房间里还散发着一股浓重的异域风格的香薰气味。

一个皮肤黝黑五官深邃的夫人正在房间里布置。

Maria 大喊一声:"妈咪。"冲过去直接抱住了那位夫人。

原来这个人是 Maria 的妈妈,知道她被分在这间宿舍,提前来帮她打点一切。Maria 和她妈妈简直就是一个模子里刻出来的。两人都有一样卷翘的睫毛和深凹的眼眸，世界上居然真有如此相像的母女。

我看着眼前的一切，虽然感动，但也迅速地注意到原本应该属于我的几个柜子貌似也被她们占领了，我的东西也很多啊！我心里有点不是滋味却又不好说什么，Maria 的母亲这时热情地先开口和我说话。

"So you're from China？"

我赶忙走过去，紧接着她妈妈又继续聊些客套话，小到夸我长得漂亮，英语好；大到各种中国文化如何博大精深，她丈夫在中国的生意。所有夸赞的原因都肯定是希望我能和她女儿搞好关系。

Maria 的妈妈终于走了，Maria 提议一起出门去买日用品。我紧跟着 Maria，一路上我们又聊了很多，比如选择这所学校的理由，还有刚到这所学校发现的无数闪光点。

买完日用品刚回到宿舍，就听见 Brown 夫人发号施令把全宿舍人都叫出去。一看时间，晚上 7 点，吃饭时间到了。

饭厅装修成了简洁的后现代风。学校食堂虽小，五脏俱全。玻璃保温板下种类繁多的菜式一下子就吸引了我的眼球，原以为美国食堂就是垃圾食品的代名词，实际上菜品堪比中国名牌大学，从蔬果、肉类、主食到甜品，还有个大师傅在斩肋排，一切应有尽有，其中不乏许多健康营养的膳食搭配。

我从这端跑到那端，所有菜都盛了个遍，准备大快朵颐一番。室内已经快坐满了一半人，宿管家庭和同学们都刚取好餐归位，正当我准备拿起叉子品尝那块芝士蛋糕时，一阵尖锐的嚣叫声震破我的耳膜。

"哔——"伴随一声话筒的巨响，Ross 女士开始她的演说，抛开那些可有可无的欢迎致辞，真正重要的部分开始了，敲敲小黑板，大家仔细听：

第一章

1. 异性不得进入对方宿舍,只能在客厅玩耍,一旦发现,开除学籍;

2. 宿舍晚上 10:30 熄灯,10:30 后走廊内安装了热感警报,一旦开溜,彪形大汉立马扛着枪赶来;

3. 晚上 8:00 之后不准去警戒线以外的区域,也就是宿舍主楼之外的地带,不然,记处分,超过三次处分,点名批评;

4. 所有新生必须饭后去图书馆进行晚自习,各科均分达到93分以上,并且每一科都要在B+以上,才能逃离苦海……

听到这里,我隐约耳闻底下冒出几句"holy""god""shit"等脏字。以上牵扯到的都是原则性问题,当然还有些非原则性规定。首先,宿舍内必须说英文,若有人说母语,黄牌警告一次,屡教不改者予以思想教育。其次,吃完零食的垃圾和果盘必须自行清洗。最后,请大家保持良好的友谊关系。若邻里间有矛盾,宿管概不处置。

常说,女人的第六感都很准,何况是个大姨妈还没干净的女孩儿,我有种诡异的预感,之后的日子一定会艰难。我的心顿时像铅锤一样往下一沉。

我万万没想到,入住第一天就因为这严格的规定踩了雷……

第二章

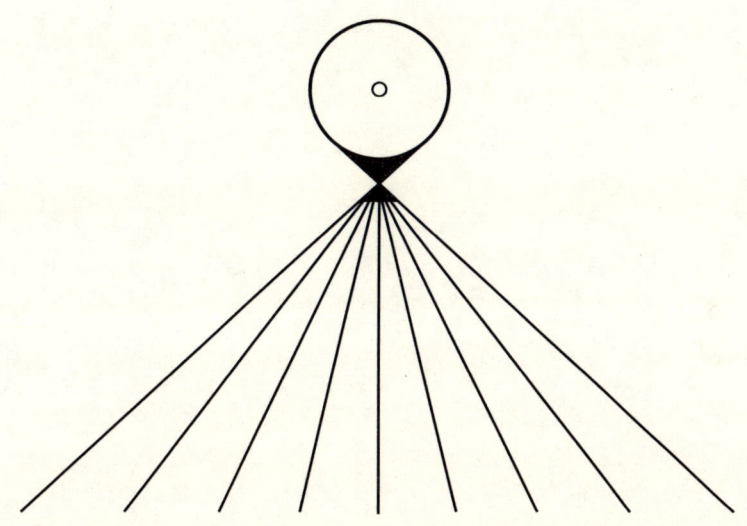

得州所闻

这个得州不产扒鸡(上)

我就读的这所学校位于美国南部的得州,全称得克萨斯州,是美国第二大州,也是个常年被龙卷风霸凌的可爱地方。当然,目前得州最出名的不是这些数据,而是流行天后碧昂丝。

这里没有纽约的繁华缭乱,相反,是个又美又恬静的淳朴地区。由于平原广阔,风吹草低见牛羊的农场遍地都是,公路也跟着水涨船高得异常发达。

这些对我这个来自魔都的小囡来说,充满了新奇色彩。从机场到学校的路上,我抓住一切机会拍拍拍,把这些都存进凝固的镜头里。安顿好宿舍后,立即把这些充分展现本地特色的照片发到了朋友圈,向亲朋好友展现我未来几年生活的美好蓝图。然而,真正关心我学校环境如何的没几人,这群可敬可爱可歌可泣的小伙伴上来给我提供了新的"生财之道"。

由于这组图显示了我的定位,许多早起的人都私信我正宗德州扒鸡味道如何,还有人发我扒鸡的图片让我帮忙代购。我傻乎乎地给 Ross 女士看图片,她居然也一脸蒙圈。我求救 Sherry,结果她告诉我,"此得州非彼德州,德州扒鸡是山东的,你朋友逗你呢。"

第二章

我再次无语。

吃完晚饭回到宿舍，我又开始了没完没了的整理箱子的工作。事到如今，换作谁都会有点儿想家。我望着房间里那一堆还未拆包的衣物和日用品，曾经的那个小公主，现在要学会独当一面了。Maria 的行李早已被她妈妈收拾整齐，此刻她正舒服地躺在床上吃着薯片玩着手机。我看着属于我的柜子都被她的行李占领，只留下一个小到可怜的空间给我，真不知道要把我的行李怎么压缩进去。

现在是北京时间早晨7点，手机铃声打乱了我的思绪，想都不用想，一定是妈妈的来电。刚点开，电话那边就传来激动的声音。

"喂，小柔，新宿舍怎么样啦？同学还蛮好吧？"

妈妈打开了视频通话，模糊的视频还是掩盖不了她的谜之视频角度。

我嗯了几声，寒暄了几句，带领手机走了一整圈宿舍，让她放心。

"你到旁边来，我跟你讲。"她让我去到一个人少的地方，"我今天早上又和定居在新泽西的朝华阿姨通话了，她告诉我让你一定要多看美剧，多阅读，多跟美国同学玩，不要天天和中国同学混在一起。"

最后一句话她说得格外轻。和本土学生交往这件事，她已经叮嘱我无数遍了，我也非常赞同要融入大环境的这个看法。

"老秦啊，侬过来和囡囡说句话。"妈妈切换了一下前置摄像头。

起床气满满的爸爸从被窝里向镜头跑过来："你妈妈刚刚和你说的话我都听进去了，你也不要像她说得那么绝对，还是要多多和中国同学在一起玩，晓得哦？"

我自己的事都还没搞完呢，电话那头又展开了一场辩论赛。

"好了，没时间跟你们折腾，挂了。"纵然心中思念不已，表面上仍旧口是心非。

看着他俩这对欢喜冤家即将开始掐架，我只能以整理箱子的借口匆匆挂断电话。"哎，你别挂啊！我还没讲完咧。"镜头前留下两张放大X倍的人脸定格。

我刚铺好从中国带来的被单，挂上几件当季的衣服，拆开一袋袋零嘴放置于衣架下的隔板里。耳边传来Maria看视频的笑声，我转过头，看到她手里的那包薯片屑已经掉得满床铺都是。

我顿时瀑布汗，在床上吃东西我已经无法忍受了，居然还掉得满床铺都是，真让人无语。我假装没看到，继续收拾我的行李。

就在此刻，门口传来一阵敲门的声音，我抬头看到Sherry出现在门口。

Sherry手里拿着两份包好的礼物，分别拿给我和Maria。

"这是我在机场买的香水，希望你们喜欢。"她之前在餐厅说过送礼物的话看来不只是随口说说，这么快就付诸行动了。

"太客气了。"在中国拿礼物总会习惯不好意思地推辞，我还想客套一下，Maria已经直接把礼物收下并说了thanks。

在Maria的衬托下，我的客气看上去显得反而有点假。真是个令人尴尬的场面。可是别人才不会管你尴尬不尴尬呢。Maria自顾自地把礼物拆开了，放在鼻子上闻了闻，夸张地说："真香！"

"Vivian，你快打开闻闻这个味道你喜不喜欢？我特意选的栀子花的味道，感觉很适合你。"Sherry总是能最贴心地化解尴尬。

我拆开包装袋，把香水放到鼻尖轻轻嗅了嗅，淡雅的气味扑鼻而来，是我喜欢的气味。看来Sherry给大家准备的礼物都大同小异，只是在气味上有所区分。香水并不是什么名牌，但是Sherry的心意让人觉得很温暖。

第二章

"真好闻,谢谢你。"我把那瓶香水放到桌子上,认真地摆好。

虽然妈妈再三叮嘱我要和外国同学多接触,可是 Sherry 的热情还是让我对她有了一份特别的亲近,她开始坐在我的旁边用英文和我聊天,像个说书的人不停地向我传输这所学校所有的一切,包括哪个老师长得帅,哪个老师很严厉,学校之前发生了什么有趣的事情,还告诉我马上会有一个烤棉花糖的活动,听上去就很有意思。

在她口中出现最多的还是一个叫 Alice 的女生,她说 Alice 总是喜欢和男生关系暧昧,穿衣打扮行事作风都很招摇,是一个风评不大好的人。Sherry 提醒我如果遇到她千万不要和她走太近。

看得出 Sherry 对 Alice 的印象一般。

虽然 Sherry 是好意提醒,但是我突然对这个女生产生了一些兴趣,倒是很希望早日见到这个 Alice,看看她到底是个什么样的人。

我们聊天的时候,Maria 抬头看了我们几次,好在听不懂我们在说什么,只是朝我们笑了笑。

有人说和朋友一起增进感情的方式就是聊八卦,我深以为然。

在我们聊得起劲的时候,门口传来异口同声的"hey",我起身去开门,看到 Fiona,Cindy,还有一个红头发的外国同学站在门外,她们似乎也被我们宿舍"豪华"的装修吸引,想要进来一探究竟。我突然有点小窃喜,此时的心情就像是做了宿舍大姐大一般,热烈欢迎各地同胞登门拜访。

她们开始参观我们宿舍,Sherry 又开始展露她的自来熟,加入大家参观的阵营中,一直夸奖这个房间布置用心摆设漂亮,Maria 听了非常开心,把她带来的零食拿出来和大家分享。我看到她床上还残留着之前掉下来的薯片屑,一点儿食欲都没有。

Fiona 瘫倒在我刚铺好的床上，Cindy 则老老实实站在原地。

红发女孩 Sally，她是 Sherry 的室友，是美国人。属于为数不多欧美人群中的典型婴儿肥脸。远看可能会觉得她有点儿胖，近看就会发现原来她满身都是肌肉。曾以为外国人会毫不避讳外界对他们的看法，穿得随心所欲，可 Sally 有意穿了件宽松卫衣遮盖住她的身体，即使这样，也还是露出两只有点壮实的胳膊。

她喜欢到处转悠，摸摸这个，碰碰那个，始终沉默，偶尔会大笑一下。突如其来的印度音乐把我从游离中拉了回来。Maria 拿出谱子和吉他弹了起来，那两位外国女生都附和着玩得不亦乐乎。Sherry 也露出习以为常的神情和她们一起玩闹，只有我和 Cindy 彻底蒙了，故作眨巴眼的样子看着对方，仿佛我们根本就来自两个世界。

别说，不愧是日本人注重多元化教育，Fiona 一开始还谦虚说自己弹琴一般，转眼就秀出了一段高规格的和弦，大家一起欢呼鼓掌。反倒是自称专业吉他手的 Maria 琴技实在一般。

Cindy 跟随着音乐曲调有韵律地鼓掌，之前还有点郁郁寡欢的 Sally 也被带动了起来，居然跳起舞来。

"Cindy, Vivian, come on." Sally 直接过来拉起我和 Cindy 跳舞，我从来没有在这种场合下跳过舞，手脚都不知道怎么摆动，心里直打鼓。

Cindy 明显放不开，却很配合，只是跳得非常别扭，一个学霸模样的她在努力跟上音乐，那可爱的样子直接把我逗乐了。

"很简单的，随便扭就行。"Sherry 给我们做了个扭身体的示范，我们一下子没有了束缚，都跟着群魔乱舞了起来。

…………

第二章

我们一起跟着她俩的吉他声歌唱,大家都开始放飞自我,和得克萨斯州热情的民风融为一体。

我们畅聊八卦趣闻,分享着屋外布朗夫妇精心准备的冰淇淋。调皮的 Sally 以迅雷不及掩耳之势抹了一小撮奶油在我和 Sherry 脸颊上,我根本不管自己的大花脸,伸手一口一口吃完脸上的奶油。

我嘟着嘴摸了摸脸颊,不管了,我两手捣着冰淇淋,举着满手的奶油扑向了 Cindy。Cindy 完全没意料我会这么干,连忙躲开。

管你呢,我一追到底,就直接毁了好几个冰淇淋,追向 Cindy。

Duang,终于追到了,我使出吃奶的力气,将全部奶油砸向 Cindy。

"啊,完了。"我听到大声的、慌张的中文。整个场面突然紧张起来,空气仿佛凝固。

我定睛一看,心凉了一大截!这下糟了,我砸的那张脸竟然是老师 Ross 女士,来学校第一天就闯祸。秦小柔,你这是活得不耐烦了。

这个得州不产扒鸡（下）

我吓得赶紧低下头，心跳加速好几倍。我想这下我被罚站或者检讨可能免不了，不知道在国外会是怎么个教育法？我瞟到那些奶油因Ross女士抽搐的脸而上下跳动，一秒之后，Ross女士开始舔吃鼻子上掉下的奶油，开心地大笑：我要谢谢Vivian,今天我要交好运啦！她一把抱住我，我的心暖暖的，尴尬的僵局立即被打破。

笑声又开始此起彼伏。

我们的心一下子很近，就像多年的挚友一般和睦，什么思乡病，什么水土不服，我觉得完全是没边没影的事。我为自己自豪，对未来的路动力满满。

送走Sherry她们，我才发现自己累得不行，准备洗个舒服的澡然后睡觉，Maria已经先我一步在浴室唱起了歌，花洒的声音伴随着她的歌曲忽大忽小，我天马行空地想，她该不会在浴室里边唱歌边跳舞吧。

过了好久，我听到浴室的声音停止了，心想她总算是洗完了，再不洗完我都要睡着了。

我站在门口试探地问她："Maria, may I go in please?"

第二章

"Yeah."

听到她的回答,我放心地拿着我的洗漱用品走了进去,她看到我进来,明显被吓到了,尖叫地质问我:"You are so rude! Why don't you ask before entering?(你怎么这么没礼貌?不打招呼就进来了?)"

"I did. You said 'yeah'. I thought I could come in.(我问了,你说了'好',我以为是可以进来的。)"

"When did I say that? Get out!(我什么时候说了同意你进来?快点出去!)"她黑色的脸生起气来看上去凶神恶煞。我只好委屈地退了出去,眼泪在眼眶里打转,但是强迫自己不能流泪,告诉自己不就是一场误会吗,一会儿说清楚就好了。

没多久Maria从浴室出来了,黑着脸直接背对着我梳头。

本来还想和她化解这个误会,现在完全没有这种想法了,我赌气地走进浴室里,想以洗澡来排解我的情绪。

我走进浴室,发现整个浴室到处都湿漉漉的,连洗手台上都是水,浴室里的东西放得乱七八糟,墙上还粘着一条条的发丝,不用问这些都是Maria的"杰作"。

这么糟糕的环境让有洁癖的我几乎要崩溃,可是我又不能不洗澡,我只能在心里不停地安慰自己,以最快速的速度洗了澡。

美好的心情就这样被Maria打破了,从浴室出来,Maria依然躺在床上边看视频边吃东西,不用想都知道她肯定要吃得一床铺都是,我发现她能忍受和食物一起睡觉,真是太可怕了。

我走到柜子旁找电吹风,却怎么也找不到,焦急的时候脚却踢到了一个东西,疼得我蹲下身,床上的Maria尖叫道:"Vivian, what are you doing?"

我转过头才发现，我刚刚踢的是她的吉他。

"I'm so sorry." 虽然脚上疼痛，但我还是诚恳地和她道歉。

Maria跳下床，把吉他拿在手里，检查了好几遍，确定没事，才看着我说："Every time say it's not intentional, I don't know which one is true."（每次都说不是故意的，真不知道哪次是真的。）

我看着她一脸不信任我的样子，不知道要怎么和她解释，第一次我明明问过她，她同意我才进去的，第二次我一时情急的无心之失，两次都是误会，为什么她会说出这么不信任的话？她的行为让我很失望。

一个人如果不信任你，你说什么都是徒劳，我干脆也懒得解释，赌气地拿起找到的电吹风开始吹头发。她更加确定我是故意的，也没好脸色地上了床。

等我收拾完躺上床，已经是得州时间零点整。

经过一通折腾，所有人这时候都趴上床呼呼大睡了，包括刚刚和我发生冲突的Maria。

我却完全没有了睡意，沉下心来细心聆听。

树叶唰唰地飘落，沉浸到泥里，窸窸窣窣地将夏日的浮躁埋葬于这片净土。不知今日某只蛐蛐儿会不会因迷途四处张望呢。回到近处，渐渐地，Maria陷入沉睡，开始打鼾，鼾声淹没了屋外的幽静。我想起Sherry在校车上和我说的话，当时我还不以为意，觉得只要真心就能换真心，什么误会都能和解，看来她的警告是对的，这么一个小小的误会都让我们变得有点陌生，完全不复之前的热络。

我的留学生活一开始就遭遇了小小的挫折，这真是令人沮丧的一件事。

我变得前所未有的平静，同样也前所未有的孤独。

第二章

睡前，我刻意定好了早晨7点的闹钟，准备早起继续整理箱子。隔壁床铺的室友已经呼呼大睡，宿舍外已经熄灯。这一座寂寞的城市安静得有些瘆人。我辗转了很久才进入美梦。感觉昏昏沉沉的状态没过多久，我蒙蒙眬眬睁开了眼。一束阳光照进房间，映在了室友蝴蝶花纹的床单上，把那些平面的图案照耀得栩栩如生，如同蝴蝶飞进了一座后花园。我还躺在床上，脑中的困意仍未消除，我试着躺在床上数绵羊，一只、两只、三只……却始终难以再次入眠。

我干脆做了起床的打算，伸出手触碰床头柜上的闹钟——早晨5点。大家都还在睡觉，我起身穿上拖鞋，打算熟悉一下新环境。

我拉开房门，张望四周，客厅里空无一人。天色微亮，仍没褪去黑夜的薄幕，仍处在半梦半醒中，把这片祥和之地衬托出一种抽离的神秘美感。我先小心翼翼地迈出一条腿，生怕惊动了舍友们。正想迈出第二条腿，就听见一声刺耳到可以穿透天花板的声音。

"呜……哇……呜……哇……"

响声惊醒了还在游离状态的我。我仰头一看，红色警报器正在嗡嗡作响，发出耀眼的红色光芒，像警匪片里才能看到的场景。我揉了揉眼睛，确定自己早已脱离梦境。

我实在弄不明这声源从何而来，还以为是防空警报，可思考了一下，这才开学第一天，警报声为防空演习的可能性为零。我二话不说逃回自己的房间，生怕闯下了什么滔天大祸。

我用力锁上了房间的门，爬上床就往被窝里钻。我察觉室友正辗转反侧，不知道她刚刚是否看到了我出去的一幕。我听见门外的脚步声愈来愈近，我的心跳也愈来愈快。几个男人正在说话，我心虚地窝在床上，不敢动弹。

隐约中听到一个人在问:"Is that she?"

尽管没看到当时的画面,我也能想象到他们正指着我的这扇门窃窃私语。

我不知道这些人的身份,只知道宿舍警报系统森严。

我鼓起勇气看了看门洞外,几个彪形大汉站在走廊里,衣服上写有security的字样,他们扛着长枪,狭小的走廊更是显出他们体形之魁梧。看这架势,感觉是有小偷闯入宿舍。

我仔细回想着,自己到底做错了什么,才会惹来这些人,前思后想都始终无法得出个所以然。保安、长枪、警报器,这些关键词不停围着我打转。一瞬间,我灵光一现,一下子想到了昨天Ross女士提到的条例,说是宿舍走廊里安装了声感警报,专为抓那些潜入学生宿舍的不法分子。若有人早晨6点前踏出房间的门,也会误触室内警报器,保安将会全副武装赶到现场。她虽然没有说后果和处罚是什么,不过想也能想到,这个老太太一定不会就此饶过我们。

我一下子从床上弹了起来,从来都没想过自己会成为第一个违规者。我到底要不要向她求饶呢?

撒谎 or 诚实，这是个问题

我心里的恶魔和天使在打转，最后小恶魔告诉我应该赶紧挖个地洞钻下去，假装一个无知者掩盖所有真相。一切都会过去的，说不定保安大叔良心发现，替我和宿管老师们保密，最终这件事就这样结束了呢？

我又看了看躺在床上的 Maria 一眼，还好她只是翻了个身，均匀的呼吸声显示她睡得真香。

我开始分散自己的注意力，决定整理行李。

我倒出另外两个大箱子里的一大堆衣物，长裙、短裙、连衣裙、牛仔裤、运动服……

我眼前一片昏花，刚想两耳不闻窗外事，直接躺倒不干，转念又想，要是现在的我就选择放弃，我就真成为别人口中的小公主了。

我顿时又像打了鸡血一样，放起手机里的音乐，因为没有插耳机，还特意调小音量，生怕吵醒室友，又不想为了她牺牲了自己的快乐。我捡起散落在地上的一件件衣物。衬衣归为一类，挂起易褶皱的连衣裙，折叠好裤子，卷起连裤袜，索性再一股脑儿把所有首饰都倒在一个小抽屉里，拿出文具，摆进笔袋……

整个房间已经收拾得有模有样的同时，Maria 也被我吵醒。

她伸了个懒腰，打了个哈欠，冒出一句："Who the heck is playing the music?（到底谁在演奏音乐？）"

我心想，完了，肯定是自己音乐还是调得不够轻，吵醒了她。

我也挺憋屈的，理衣服这种考验意志的事当然要配合音乐放松心情，可是想想为了友谊，我还是彬彬有礼地回答："Oh, it's me. I'm really sorry for waking you up.（噢，是我。很抱歉吵醒你了。）"

她和我本质上一样，明明就没好气，还是佯装原谅了我的冒失，草草回应了一句"That's fine（没关系）"，便又盖上被子，弹回床上蒙头大睡。

过去了这茬，又迎来了那茬，不一会儿就听到敲门声，我吓得赶紧直起身子，颤颤巍巍地打开门，怕是老师上门教育我早晨犯下的错误。

"Vivian, time for breakfast!（Vivian，早饭时间到了！）"拉开门，我原本吊着的那颗心一下子落地了。

Cindy 笑脸盈盈地面对着我，是我疲惫早晨的一股暖流。原来在这个陌生的地方，能有一个人时刻想到你，是多么幸福的事。她杵在原地一动不动，我总觉得有哪里不对劲，一定是藏掖着什么东西。只见 Fiona 噌的一下从 Cindy 身后跳了出来，哇的一声，我忍不住发出了尖叫。

"Vvvvvvvivian!"这个本该矜持的日本女孩还是穿着昨日的半截套装，她似乎从来都很松弛，这不，二话不说就紧扣住了我脖子。

"Let's go eat breakfast.（让我们去吃早饭吧。）"她小鸟依人地望着我，与平时判若两人，将我左右摇晃。

相比起她，我弱小的身躯经不住她健美身材带给我的波震，只好任由她来回"蹂躏"。

第二章

Cindy 这家伙原本玩手机玩得火热，这会儿居然在一旁幸灾乐祸地笑。我一边窃喜自己能赢得 Fiona 的青睐，一边还疑惑着，自己和她好像还没那么熟悉，怎么一夜之间就发展得这么亲密了。我也很想和这位日本姑娘一起去吃早餐，可是又不忍心丢下室友。

Fiona 示意我和她们一起走，让她一个人睡醒再说。我透过穿衣镜看了眼自己，这是我吗？穿着松垮垮的睡衣，头发就是一个乱糟糟的鸡窝，感觉一窝小鸡马上就要出现了。我好言好语将她和 Cindy 拒之门外，指了指自己凌乱的造型，请她们先去。

我赶紧跑到厕所洗漱，硬是给充满血丝的眼珠子塞上个美瞳，并且给干燥起皮的皮肤打了个底，给予自己这个无眉星人一对韩式一字眉，换上一套修身休闲装，顺便叫醒熟睡的 Maria。

谁料，事情就这么来了。

我拍了拍还沉浸在美梦中的她，她左右晃了晃，并没有轻易被我闹醒。早就已经到了吃饭时候，估计按照 Ross 女士那脾气，肯定不允许任何人早饭迟到。我发誓，无论自己将会背负多少的骂名，都要叫醒这个爱睡懒觉的主儿。既然拍了她那么多下都没反应，那我就要放狠招了。

"Maria, Maria, Maria! It's the time for breakfast（Maria，早饭时间到了。）"

我一遍遍叫唤着她的名字，准备叫到吵醒她为止。

她抬高双臂，差点戳进我的眼睛里，嘴里吐出一句"No"便又钻进被窝，继续做白日梦。

我开始调动武力模式，在她耳边大吼："Maria, Let's go to breakfast, or Ms. Ross will blame on us!（我们去吃早饭吧，否则 Ross 女士会责怪我们

的！）"

看她缓缓睁开了眼睛，我又补刀，"Go! Quick!（走，快点！）"

"Shut! up!（闭嘴！）"我按了按耳朵，再次确认自己所闻无误。

很早以前我就知道"Shut up"是鲁莽词句，然而这句话居然从我室友这里脱口而出。她肯定是被惹毛了才说出这样的话。我强忍住的眼泪还是情不自禁地掉了下来，从昨天到今天，她都是这样的态度，怎么不让人难过？我也是好心怕她迟到挨骂，没有功劳也有苦劳啊！

如今，吃力不讨好的我居然成了多管闲事之人。我看了眼镜子中的自己，眼睛还残余着哭过后的红肿，我擦干眼泪，抹了些散粉，独自去食堂。

早餐时间是8点半，我已经迟到了五分钟！我委屈地狂奔出房间，掠过鲜花盛开的水泥路，默默祈祷着千万不能迟到太久，也千万不能被Ross女士当众批评。

食堂位于底楼，隔着一层透光玻璃，所有人的一举一动都历历在目，大家都争先恐后地拿着自助餐盘里的食物。

我听到背后有匆匆赶来的脚步声，回头一看，正是焦急赶来的Maria同学。

我本以为她会干脆任性到底，直接和老师对着干。她很快就追上了我，给我一个微笑，像是在无形中为她之前的措辞道歉，她欲言又止，终于憋出："Hi. Shall we go?（我们走吗？）"

她看起来已经知道自己的过错了。我懒得和她计较，同样以笑容回之，跟随她前往食堂。

走进大厅时，所有人的目光都炙热地交集在我俩身上，很显然，我们是最晚到的两个。

第二章

Ross 女士和所有宿管们坐在一桌，看见迟到了快十分钟的我们，脸都青了一半。我俩木讷地站在门口，Maria 比我稍微厚脸皮一丢丢，拉着我直接就要找个空位坐，我当然死活坚守在原地，哪怕被训斥一顿，也比任性妄为来得强。我注意到 Ross 女士餐盘旁放着一个话筒，她似乎时刻准备着发言。

我有种不祥的预感，感觉她肯定会狠狠训斥我们一通。包括早上发生的"警报器惊魂"事件，结局一定是我比 Maria 更惨。Ross 女士直起身来，走到两排圆桌中央，咳了两下，果然是开念紧箍咒的节奏。

"OK, there they come. Finally.（OK，他们终于来了。）"

她看向了我和 Maria，"It's the time to start.（该开始了。）"

她对我们做出个不屑的眼神，乍一看，还真像朝我俩翻了一个白眼。

我们两个人在全体住宿生的注视下，悄悄溜走。我正打算往 Fiona 和 Cindy 那桌跑去，满以为她俩一定给我俩留了空位。

没想到我们不仅没有空位，她们还一脸不屑，装出很陌生的样子。

好在这时候 Sherry 朝我俩挥了挥手，示意我们过去，她的这个挥手像是在黑暗里给了我们一抹光亮，我赶紧拉着 Maria 走到她们那桌坐下。

天知道我内心有多么感激，简直丢脸死了。

Fiona 同学淡定地望向前方，前一秒还黏着我要一起 go eat breakfast（吃早饭），后一秒就直接忽视了我们的存在。

Cindy 道行太浅，往我们这儿瞟了好几眼，表演能力远不及 Fiona。我一向待人真诚，认为你对我热情相待，我必须真情还之。我诚心实意交友，得来的却是朋友虚伪的忽视。我一下子对她们失望起来，一直觉得真心能换真心，而此时它换来的都是假意。

Ross 女士开始正式发言。她抿了抿嘴，目光犀利平视前方。大家都纷纷放下刀叉，挺直腰杆，就连老师们也不例外。可想而知她的威慑力之大。

"Firstly, the alarm ran this morning. I don't know who did that, but I would like you to come forward to me after breakfast."（首先，警报器早晨响了，我不知道是你们中的谁弄响了警报，但是我希望你可以在早餐后主动找我。）

空气凝固到了冰点，室内空调原本就开得很足，许多人都披上了自备的披肩。这位老人的神情如苍鹰般格外肃穆，整个房间的空气又降了一个冰点。同学们都交头接耳地讨论着是谁干的好事。

"Hey, who broke the alarm?（谁触动了报警器？）" Maria 看向呆滞的我，我一向的弱点就是撒谎，愣了一下，支支吾吾地说道："I... I don't know. It's none of ourrrr... business.（我……我不知道，不关我们的事。）"

她露出了一个掩盖不住的诡异的笑，仿佛天知，地知，她知，我知。

"Really? You sure?（真的吗？你确定？）"她继续问道，一点儿都不留情面。

我紧张地点点头，差点儿就想告诉她事情原委，要瞒就要瞒住所有人，包括那些看似和你很亲近的人，他们可能都会背后捅刀。

烤棉花糖·这件事有毒（上）

那一天之后，Maria 都没怎么搭理我，几乎一整天都不在房间里。这件事就这样逃过去了。谁也没有再提起是谁弄响的警报，Ross 女士也没有再提及这件事。

Maria 一直未出现，直到晚上宿舍集体活动前，我才见到她人影。我还是礼貌性地询问她去了哪儿，她应付了句："I hung out with my mum.（我和我妈妈出去了。）"

我欲言又止，她换了套便装离开宿舍，剩下我一个人一脸蒙圈状态杵在原地。我努力维持的室友关系就这样无可挽救了。看来也只有 Sherry 最靠谱。

看新住宿生行程单，写着晚饭后会举行一个叫作"Smores"的户外活动。我对美国南部的留学特色一无所知，还以为 Smores 会是哪种游戏。作为一个体育渣渣，刚准备选择躺在宿舍追剧，Sherry 就推开了房门，"Vivian，今天晚上有烤棉花糖活动。"

我先是一愣："烤棉花糖？"

"棉花糖的英语应该是 marsh mellow，照理来说烤棉花糖就应该叫作 bake marsh mallows 呀！可张贴在墙外的单子上明明写的是 S-M-O-R-E-S，怎么会是烤棉花糖的意思呢?!"我一时还没有反应过来。

"大姐! Smores 就是烤棉花糖。好了,换套衣服,我们一起过去。"Sherry 一边和我解释,一边催促我。

我不敢怠慢,赶紧开始挑选衣服。

这是宿舍组织的第一次活动,我必须在所有同学面前闪亮出现才行。早听说国外生活多姿多彩,经常会有正经的晚宴,所以在临走前,我可以说是扫荡过了上海所有的玻璃橱窗,和妈妈一起挑了许多新衣服带来学校,其中不乏几件做工讲究、价格不菲的潮牌套装,非常适合半正式派对穿着。

我翻遍了所有衣服,最后打开了一个透明塑封袋,衣服闻起来还是刚出厂时崭新的味道。那是一套 Adidas 设计师款的休闲两件套,通体纯白,上半身是双排扣棉质开衫,下身则是一条高腰紧身运动裤,很适合偏随意的活动。

"Vivian,好了没有呀?我等你等到花儿都谢了。"Sherry 焦急地催促我。

我把衣服穿上,反复照镜子,确保衣服合身之后才走出房间。

她见到从房间里出来的我,露出了震惊的神情,我拉着她往外走,并没有注意到脸色的不同:"快走吧,不是说来不及了吗?"

"亲爱的,你确定要穿这套衣服出去吗?"她显得很讶异,来回对我的行头扫视了好几眼,"我是指……你确定,要穿这套衣服,去烤……棉花糖?"

"怎么了?"

"算了……走吧,快迟到了。"Sherry 欲言又止地和我一起上路。

我很奇怪 Sherry 的讶异从何而来。从小到大,母亲时刻关照我一定要穿着得体。

更何况这可是来得州的第一次活动,对我来说意义重大。记得初中有次

第二章

家长会，听在场的同学代表说，那天老师问起了各位家长对孩子们的期许。除了希望自己小孩身体健康、开心快乐之外，其他家长都期望自家娃儿学习优异、多才多艺，未来当上学生领袖。

轮到我妈发言，她的回答是：首先，我的女儿一定要漂亮，一定要会打扮，这是最重要的……呃，那位同学描述着我母上大人的光荣事例，他说当时全场震惊，一致以为她有精神病。他夸奖我妈妈着实洒脱，也明白了我一个暑假衣服几乎不重样的原因。而我一点都不惊讶，老妈本是一个非常爱美的女人，注重着装是她判断一个人的前提标准，我也刚出娘胎里就耳濡目染，变得非常爱拾掇自己。

我和 Sherry 说话间便走到了举办棉花糖活动的地点。伴随着篝火的光，大家一窝蜂聚集到校园的大草坪上，与步履蹒跚的宿管老师们形成鲜明对比，他们就像是淡定的家长远观孩子们嬉戏打闹。

天已经黑得不着边际，校园内居然没有路灯。我有些脸盲，看不太清大家的样子，只知道第一次切身体验得州特色活动，所有人都异常兴奋。

几个国际住宿生抬起木头支架，另一个在木架下支起了一个火炉，点燃后的煤炉火势凶猛，火星四射，蹿到我小腿肚那么高。火光照射出了同学们的着装，居然都是随意的 T 恤和牛仔裤，就我一个人对此活动上了心，刻意打扮一番。大家都拖着小板凳坐了下来，唯独 Maria、Cindy 和东北男孩 Jackson 缺席。我傻站在原地，紧张地握住 Sherry 的手，差点儿就把她的手臂掐出红印。我最怕的是火苗伤到自己，二来也怕新衣服烧出个三长两短。

我注意到，大家的目光都聚焦在特点鲜明的我身上，甚至有些人还对着我窃窃私语。哼，肯定是嫉妒本姑娘的美色！我看了眼自己，实在没搞明白他们是吃错什么药了，明明我从头到脚都很正常嘛。

宿管 Thomas 先生起头做了个示范。他先是拿起了一根铁棒，穿起了两块棉花糖，白白胖胖的棉花糖可爱得令人忍不住下口。它们和火焰进行空前大碰撞，洁白无瑕的胴体变成了褐黄，又一点点经过燃烧作用转化为深棕，也在焦灼下散发出焦糖的香味。经过火焰洗礼过的棉花糖滚烫得如同烧红了的铁，嗞嗞作响，我脱口而出："这样能吃吗？"

"你傻吧，接下去看就知道了。没文化，真可怕。"一个对峙的口吻接了我的话。

我瞥到了一个戴着方框眼镜、消瘦的男生，他正用不屑的眼神看着我。

我想起来了，他叫 Simon，在校车上向我翻白眼的那个男生，他今天戴副眼镜装得斯斯文文，看上去像是学霸的样子，不过我听 Sherry 说，这看似学霸的人实际上学习指不定什么样呢。

Simon 开始跟旁边几个外国学生咬耳朵，想来也知道，不是在说我闲话又是在说谁。反正，我可左右不了别人的想法，对他翻了一个白眼，算是对他之前无礼的回敬，继续看 Thomas 先生烤棉花糖。

不出所料，"Smores"不只是烧烤那么简单。Thomas 先生拿出两块饼干，夹住铁棒上的棉花糖，用力把它嵌进两块饼干内，像是一个以迷你雪球为夹心的三明治。随后 Thomas 夫人递给他一大块巧克力，他掰了一块下来放进两块夹心层中，另外一块含在嘴里，巧克力借着温热的室外温度呈半融化状。他一步步挪近夫人身边，轻柔地抓住她的右手，一个拥吻，巧克力娴熟地送入她嘴里。这粉红泡泡的味道比棉花糖还甜，场面开始骚动，他们强行给所有同学喂了一波狗粮。

我已经迫不及待想冲上前去抢过那块夹心棉花糖了，可是想到之前嘲笑我"没文化"的 Simon，不断提醒自己保持矜持是给嘲笑者最大的反击。刚

第二章

来美国没几天，我就奉献出了好多"第一次"，第一次自己乘飞机，第一次住宿，第一次自力更生，第一次体验美国本土文化，第一次知道原来棉花糖还能烤着吃……

大家都尝试着亲自实践，但铁棒只有五根，而全场有二十来名同学，我们只能交替着烤，此时，除了围着火炉的两位同学，大家的目光都莫名其妙投射于我，使我有些拘谨。

"Sherry，他们为啥一直看着我？"为了确保自己没有多虑，我向靠谱的Sherry确认。

"哎，刚出门我就想说你了，你穿那么漂亮的衣服来烧烤，恐怕不太妥吧。"

本来觉得这身套装大方得体，没想到居然会不妥？我环顾四周，大家轻松的穿搭确实凸显出了我的格格不入。而我上衣的袖口盖住了整个手，确实不便于行动。再想到Simon对我的态度和Sherry起初奇怪的神情，才发现自己太讲究外表，忽略了活动的本质。

可是现在回宿舍换衣服未免也太矫情了，我给自己做着心理安慰，别人怎样都与我无关，至少证明我重视这个活动。

我学着其他同学穿起棉花糖，谨慎地将它送入火中，生怕烫到宽松的袖口。胆小的我故意离煤炉好远，怕火星溅到自己脸上。

"Vivian, just do it!（就这么做吧！）"我听到Fiona鼓励着我。其他同学和老师都接二连三地传达出激励的话语："Girl, don't care about too much now. Just do it!（你现在就别考虑那么多了，直接做吧。）"

我放下了戒备，虽说一手还是拉着袖子，但整个人都放松了下来。

按照步骤我也完成了人生中第一个Smore杰作，看着眼前这个不起眼的小家伙，实在想不到它可以好吃到哪儿去。可是当我咬了一口包裹着甜饼干的黑巧克和棉花糖，我对它的外观印象立刻就被颠覆了，如果要让我用一个词评价就是：惊艳！此物只应天上有！

棉花糖经过烘烤之后变得更为柔软，棉花糖内烧化后的糖分子咀嚼起来像是升华版的焦糖。配上一块黑可可，稀释了另外两者的齁甜，中和了整体的甜度。要是改善一下颜值，都可以上米其林餐桌了。我一大口就吞下了半个。甜品永远是我的第二个胃。美食面前，形象早就抛到一边去了。

大家都沉浸在这一片其乐融融中，女生们聊八卦，男生们玩游戏，Sherry 和 Fiona 正在交谈着各自的成长背景、父母职业、正在追的剧，还有感情史。我在一旁被晾着，若无其事地听着大家尬聊。我本就不是一个主动的人，也不知道该怎样和别人接话，多希望 Sherry 能成为我的救星。

烤棉花糖·这件事有毒（下）

她们不知说了什么，气氛开始活跃起来。Fiona 突然发出一声尖叫，我的棉花糖差点掉在地下。来到得州这几天里，这种类型的惊吓已经见怪不怪了。同学们玩着玩着，某个人可能就会毫无征兆地拍案而起，一阵尖锐的惊叫便会顺势传来。"Oh my god""Jesus""Holy"是最近听到过最多的语气助词。要是说在国内，一惊一乍会引起公愤，在国外，特别安静才会成为怪人，现在的我，就是那个怪人。

"Oh my gosh, Sherry!"果然又听到了诸如此类的惊呼，我虽然被吓了一跳，但为了保持形象，还是装作淡定。Fiona 刮了一手指夹心层中的巧克力酱，两只小眼睛虎视眈眈地盯着 Sherry。我替她捏一把汗，这下完了，世界大战即将爆发。

1，2，3……我准备倒计时，终于巧克力酱还是沾到了 Sherry 粉色 T 恤上，Sherry 愣住了，三秒后竟喜笑颜开，挖出自己夹层中的巧克力反击回去，涂在 Fiona 的脸上。我可真佩服她们的洒脱啊。如果换作是我的衣服被糟蹋，估计会直接撕破脸皮。

Fiona 又拿着一块夹心棉花糖在我周边晃来晃去。

"你不要把棉花糖弄我身上,我会生气的啊!"我生怕自己也会受到这致命一击,一边躲一边警告她。

"VV,不要那么小气嘛,快点来试试我的棉花糖!"她对我的话不以为意,还觉得我在开玩笑,更加起劲地追我。体育是我最薄弱的项目,我根本跑不过四肢矫健的Fiona。

眼看她正黏糊着一手巧克力酱向我袭来,我第一反应就是护好自己的白衣服,要是它有什么三长两短,我肯定要找那个肇事者算账!

一道黑影划过我的视线,Fiona对着停下来的我进行偷袭,我感觉宽大的袖口被撩了一下,一回头,白袖子已经染上了乌黑的抓痕。

身上这件衣服,说不上有多名贵,但也是我求了半天才从母亲那里得到的生日礼物,平时放在橱柜里都舍不得穿。

我顿时非常抓狂,对着Fiona毫不客气地大声吼道:"你做什么啊?我都说了不要弄脏我的衣服!"

所有的目光再次投向了我,大概谁也没想到我会突然发飙。

"不就是弄脏衣服吗?你会不会太夸张了?"

"是啊,回去洗洗就行了……"

旁边的声音此起彼伏,许多国外同学都对我指指点点,明明是我的衣服被弄脏了,为什么大家都在说我?一种巨大的委屈涌了上来,我实在控制不住自己的情绪,哭了出来。

Sherry也看到了我这边的情况,抛下了别人走到我的面前。

"怎么了,Vivian?"Sherry关心地询问我。

"Fiona把我的衣服弄脏了。"我带着哭腔说。

Fiona估计也没想到,自己的一个玩笑会酿成这么一场大祸。她的整张脸

第二章

一下就绿了,一脸无辜的样子。

"Vivian, are you OK?(薇薇安,你还好吗?)"Fiona 似乎尚未意识到问题的严重性,我要警告她一次,这个玩笑开大了,我也不是省油的灯。

"No, I'm not.(我不好。)"气得不想作答,直截了当。

"Fiona,你先别说话了,我来和 Vivian 聊聊。"Sherry 帮忙缓解尴尬气氛。Fiona 看了我一眼,默默地走开了。

"Fiona 估计就是和你开个玩笑,只是外国人和中国人开玩笑的笑点不一样。别太介意啊。"Sherry 安慰我。

"一件衣服弄脏了而已,看你作得要死。"Simon 冷不丁地说道。那个叫作 Simon 的学霸脸又来多管闲事了,他目不转睛地观察着我们这边的情况,半天蹦出了几个字:"Vivian, you are too over." 首先,他身为一个中国人,不但不帮我,还反咬我一口。其次,一个完全不了解情况的人,根本就没资格表态。吵吵肯定吵不过人家,再哭一次未免太戏精了。

我真想冲上前去直接怒怼他一番,结果 Sherry 见义勇为,替我挡了回去,"你一男生当然不能理解女孩儿衣服弄脏的伤心,咱别管闲事,好不?"

这一护卫,让我发现终于还有个懂我的人,刚刚的委屈一扫而空,使我更有底气怼他:"喔唷,你是那个 Simon 是吧?你懂个屁啊!站着说话不腰疼!"我俨然已经做好了冲锋上阵的准备。Simon 又不是我,他根本不知道一件新衣服对女生的重要性,何况我今天第一次穿。

Simon 一下子无话可说了,我和 Sherry 默契地击掌。虽然遇到 Simon 这样的人有点扫兴,但换位思考,交到 Sherry 这样讲义气的朋友很幸运。Sherry 劝完我心里也宽慰了不少,冷静下来也想明白了也不能怪 Fiona,毕竟外国人和中国人的玩笑点不同。我不想和她变成像 Maria 一样的尴尬,所以决定这次主动和解。

我走到Fiona面前，有点抱歉地对她说："不好意思，刚刚我对你态度不好。"

"吓死我了，我以为你生气不理我了。"Fiona刚刚还一脸落寞，听到我这么说立马抱着我在我脸上亲了一口，"你最好啦，那我可以放心地去玩了。"说完这句话，她又愉快地去找别的小伙伴玩耍了。

我被她的喜悲无常搞得哭笑不得，她的情绪变化太迅速，完全让人措手不及！看来外国人和中国人的差异真大啊。我开始渐渐感受到了。

衣服上的巧克力污渍让我觉得很闹心，四处向别人询问湿巾，但大家都没有带，我想要回宿舍取湿巾，草坪上太黑了，我走了几步竟然被一块石头绊倒摔了一跤，今天真是不顺，怎么处处都是危机！不过还好是草坪，草地上也算柔软，摔得不算严重，但是要回去拿湿巾就太不方便了。

虽然很想靠自己，但是此刻我还是决定寻求帮助，我望了一眼四周，Sherry和Fiona在离我很远的位置，周围最近的只有Sally了。此刻Sally和几个外国同学聊得正嗨，时不时伴随着肢体的律动。

"Sally。"我热情地喊道。

"What's up?"

我指了指衣服上的污垢，态度诚恳地问："嘿，亲，那个，我的衣服弄脏了，刚刚又摔了一跤，现在走路不方便，能不能麻烦你帮我去宿舍拿下湿巾？"

"你怎么走路那么不小心，草坪上还会摔倒？"Sally笑着朝我走来，我看到她手里还紧紧攥着一个棉花糖。

我现在对棉花糖留有很深的阴影，怕她一个玩闹又把巧克力弄在我的裙

第二章

子上,在她走过来的一瞬间我立刻阻止道:"你能不能把棉花糖先放下!"

"对不起,对不起……你等我一下,我把棉花糖处理了再找你啊!"Sally拿着棉花糖朝着草坪的另一端走去。我的目光追随着她,看到她在半路遇到了一个同学,我以为她会把棉花糖给她,没想到她已经和那个同学愉快地聊了起来,俨然忘记要放下棉花糖来找我的事情。我真是欲哭无泪,说好的让我等一下,结果一玩起来就把我抛到九霄云外去了,谁能比我苦!

我只好把目标锁定到唯一能帮我的Sherry身上了,我不顾形象对着她大喊了一声:"Sherry."

她一路小跑地来到我面前:"怎么这么深情地呼唤我!"

"Sherry...我,那个,不方便回去啊,你能帮个忙吗?"我不好意思地开口,做好了随时可能遭拒的准备。幸好,比起Sally的冷漠脸,迎面而来的是一个大大的姨母笑。

"你是需要什么东西擦一下你的衣服吗?"Sherry真是天使,我什么都没有说她就看出我的需求,就凭着她这番话,我顿时倍感心安,故作恳求状地望着这个救星,还不忘紧握住她的手,"嗯嗯嗯,能麻烦你帮我回宿舍拿下湿巾吗?"

Sherry挑了挑眉,抿了下嘴,转身摸摸裤袋儿,瞬间变身哆啦A梦的百宝箱,掏出一袋湿巾递给我:"最后两张了,你用吧。"

我一拍屁股,当初问了所有人,就差没问Sherry了。我一把抱住她,反复道谢,吓得身材纤瘦的她差点从板凳上掉下来。此外,还顺便讽刺了Sally,故意面向她,说道:"你人好好啊,要是大家都像你一样就好咯。"

衣服擦干净了,我开始积极地参与大家的话题,我发现简单的聊天还行,有些方面有点难以融入。来美国前,母亲就再三提醒我要多看美剧,多读英文书，以便能和大家处在同一频道上。可谓不听老人言，吃亏在眼前，她的这些话我都是左耳进右耳出，典型的选择性耳聋。我无心看美剧，也没看多少英文书。

当 Sherry、Fiona，甚至 Simon 正和那些美国学生畅谈某部新剧甚欢时，我不得不老老实实坐在椅子上，咬咬手指甲，卖卖萌，也不至于太尴尬，这回终于意识到了多看英语原著的重要性。

这样的场景我完全没有料到，看着大家相聊甚欢，我却在坐冷板凳，心里别提多失落了。还好 Sherry 看出了我的失落，时不时地找些话题和我聊天，尽量让我融入大家，我庆幸地想还好有她在，否则我都不知道该怎么办。

活动结束后，我们走在回去的路上，得州的夜晚很宁静，空气里散发着怡人的气息，Sherry 走在我的旁边，我突然觉得挺安心的，虽然我到异国他乡带着忐忑和迷茫，第一次参加活动就状况百出，还好一开始就遇到了这个朋友给我安慰和帮助，也算是幸运。

"Sherry，今天真的谢谢你。"我由衷地说。

"干吗说这种客气的话，大家都是中国人，到国外留学都挺不容易的，互相帮助是应该的。"

"真羡慕你和大家都处得那么好，不像我刚来就搞得一团糟。"我对今天发生的一切还是耿耿于怀。

"我刚来的时候比你还糟糕呢，主要是不熟悉这里的风土人情，习惯会把中国人的那些逻辑带到这里来，加上外国人的想法和我们根本不一样，所以很容易惊慌失措甚至闹笑话。" Sherry 现身说法。

"是吗？你也是这样。"听到 Sherry 的经历和我差不多，我立刻放心多

第二章

了，原来我的担忧是正常的。

"这些都会随着时间过去的，你会慢慢适应这里，会发现那些都不是事儿。"Sherry拍拍我给我鼓励。

"哈哈，好的，都不是事儿！"她的话淡化了我今晚的低落和无措，因为她让我明白，不管遇到了多大的麻烦，还有一个人是真心把你当朋友的。我想既然Sherry愿意为我这么做，就代表她把我当好朋友了，我也默默认定了她在我心中朋友的位置。

莫作弊，作弊被雷劈（上）

第二天我在宿舍待着，Fiona带着一小叠A4纸，沮丧地走进我的房间："Ahhhh. I wanna die."两手腾空趴倒在我刚整理完的床上。她真是个没心没肺的人，昨天发生的事情她现在早就不记得了，而同样是外国同学的Maria还在为那天洗澡和吉他的事情疏远我，到现在都没有理我。

所以说即使同样是外国同学，差别也是很大的。

"怎么了？"我难得看到Fiona这么沮丧，关心地询问她丧气的原因。

"明天就分班考试了！你不知道吗？啊，我好紧张，万一考不好分去差班怎么办？"

Fiona说出了她担心的事情。

明天居然是分班考试，而我一无所知？她一个学霸尚且担忧，难道那个考试很难吗？

我脑海中迅速出现了一连串的忧虑，完了，考试来得太快就像龙卷风，一点征兆都没有。

"Vivian！啊！明天要分班考试了，怎么办！"Sherry也来到我的房间，扑通一下瘫在Fiona的身上。

第二章

Fiona 看着 Sherry 微笑，突然拿起蝴蝶枕砸向她，嘴里愉快地喊道："我们用玩耍来缓解压力！"

"接我一招！"Sherry 配合地和她大闹起来。

前一秒还为分班考试感觉到沮丧的两个人居然就在我的床上打闹了起来。

她们两个人看上去压根就不愁考试的样子，说担心估计只是随便嚷嚷。

你们不需要复习，我需要呀！我在心里呐喊。而且理科本就是我的弱项，临时抱佛脚多少对明日发挥有帮助。

"你们两个学霸还到我这里装学渣！理科是我的弱项好吗？"我没好气地对着床上的两个还在玩耍的"小朋友"说。

"谁是学霸了，真正的学霸都已经比我们早复习了！"Sherry 意味深长地说了一句。

"什么意思？"Fiona 扒着 Sherry 的手问，看来所有人对八卦都很有兴趣。

"你知道昨天为什么 Smores 活动没看到 Cindy 和 Jackson 吗？"Sherry 故作神秘地反问。

"为什么？"我和 Fiona 异口同声地问。

"人家都默默在房间里复习数学呢！"

Sherry 的话一出我一下子就蒙了，我之前的目标便是赢过 Cindy，颠覆大家对好学生陈腔滥调的看法，做一个高颜值学神，这下子已经被她甩在起跑线上了。

认识 Sherry 那么多天，从来没听过她提起任何与学习有关的话题，由此推测，她的成绩可能仅比 Fiona 略胜一筹。我要是追赶一下，可能还有希望和她一决高下。

"看来我要抓紧了。"我有点紧张地说。

"没意思,不好玩,你们中国学生都太拼命了,我先走了!"Fiona对我们聊的话题感觉无聊,拿起她的东西离开了宿舍。

我赶紧追问来了这所学校三年的Sherry,想从她那里多了解一些学校的情况,好歹人家也是老生了,经验肯定比我足。

我问了她N个关于考试的问题,包括题目的难易程度、考试范围等,她被我问得有点烦了,最后终止了我十万个为什么般的问题。

"好了,你问够了没啦?就这样,我数学差,反正对我来说挺难的,你与其问我这么多,不如现在快去复习吧!"她看来已经被我问得不耐烦了。

"我数学也烂啊。明天考试也不知道行不行。"

"我肯定比你烂,信不信?"

"呵呵,你不知道我以前初中数学……"

"哎呀,反正就是我更烂。"

"是我是我。"

"不不不,肯定是我,大哥。"

"我!"

"不,我!"

我们就数学谁更烂的问题争执了好久。中国人的谦虚真是要命。

"烦死了,数学差就去复习呀!有啥好吵的,搞不懂。"Cindy正巧路过我房门口,"另外,亲们,以后说话记得把门带上。"

忠言逆耳利于行,她的话警醒了我,我将Sherry忽悠到她自己房间,之后我打开那本尘封已久的初三数学教科书,开始了漫漫复习路。

从第一页开始翻看,一个个公式还记忆犹新。我尝试解题,却发现自己

第二章

的难题实战能力还是太薄弱。回头一翻书，原来是忘记了余弦公式，根据书本的方法套进去，题目不攻自破。基本功不扎实唯有靠熟能生巧。

我上次对数学这么认真还是小升初那次分班考试，老爸给补课班老师塞了好多钱，一对一帮我辅导数学，最后进到了全年级最好的实验班。现在俨然没有人能帮助我了。我抄下了三角定律，孤军奋战地默背起来。这些被遗忘的公式现在变成一幕幕初中课堂时的画面，浮现在我眼前。

为了不打扰室友睡觉，我支起了一盏小台灯，静静翻动书页。曾经瞧不起我的人看好，一个数学学渣要逆袭了，我要脱掉偏科大王的名号。

那天，我熬到深夜。我过了一遍所有的公式以及错题，确保万无一失之后，草草冲个澡，成为全宿舍楼最晚熄灯的人，伴随着余弦公式、代数符号、函数图像，美美进入梦乡。

有上次迟到的前车之鉴，我这次7点就起了床，扎一个大马尾，清水冲完脸之后，带着本数学书早早坐进了食堂。昨天连晚餐都没吃上，幸好是Cindy的老干妈和Sherry的辛拉面救了我。为了弥补昨天的过失，今天在早餐供应的最早时间就到了餐厅。结果除了食堂大妈外，整整200平方米的餐厅里空无一人。

我好奇地参观了一遍餐厅里所有早饭选项，碰巧撞见了先到的Ross女士和两位美女宿管，我礼貌性地给了她们一个亲切的微笑，一向严肃的Ross女士居然先开口跟我道了早安，看似心情非常愉悦。两个大美女也都同时给我say Hi，我双手紧抱的那本书掩饰不了我的紧张，其中那位名叫Cathy的化学老师还打趣道，中国学生眼中的美国数学分班考等于小菜一碟，我那么认真复习，一定能handle。有了这两位女神老师的鼓励，我瞬间信心爆棚。

早餐品种单一，无非就是鸡蛋、牛奶、麦片等。我抓紧时间勉强泡了点麦片垫饥，便又开始复习起来，背诵出许多二次函数题的套路，舒一口气，反正我尽力了，胜负靠运气咯。

我看着坐在隔壁桌的 Ross 女士和陆续而来的宿管们聊得正嗨，八卦劲儿驱使我上前偷听她们的聊天内容。张口闭口最多的就是 Ross 女士，全程在和那两位老师讨论这次数学考试，那我更有必要好好进行一场窃听风云了。

可是她们都故意压低嗓门，说话内容特别含糊。我弱弱听到："The test is a bit difficult, but students can definitely complete it.（考试有一点点难，但学生肯定能完成的。）"

话音未落，我更安不下心来，我在国内的数学水平不敢恭维，稍有难题便会置我于死地。

我存心放慢吃饭速度偷听她们的谈话。其中一位名为 Jenny 的宿管始终没有发言，没想到最后她却爆出了一条关于考试的猛料，她即将把所有考卷提前送往图书馆，说罢便起身行动。也就是说，我甚至能提前看到考题。想到这里我有点喜悦，可是很快我对自己冒出这样的念头感到惭愧，我怎么会有这样的想法！

等我吃完早饭，餐厅里也只有 Ross 女士、两个女老师，以及刚来的 Brown 和 Thomas 夫妇。现在才 7 点半，考试时间是 10 点，我确实得过早了，大家都应该还没洗漱呢，鬼使神差般我又想起 Jenny 将考卷送往图书馆的事情，如果逮住这个千载难逢的好机会，偷偷跑去瞄一眼试卷，是不是没有人会知道？我的内心打着架子鼓，反复纠结着去与不去的利弊。我正打算做的事关系到原则层面，作弊是自己对自己的欺骗。可反过来一想，这事也只有天知地知，我就是悄悄去做了也没有人会知晓。

最终对成绩的渴望驱使我站了起来，我走出了餐厅直奔图书馆的方向，

第二章

到了图书馆门口,我瞄了一眼周围,没有看到人,图书馆的门竟然还虚掩着,那一沓明晃晃的试卷就摆放在最显眼的那张桌子上。老师胆儿可真大,也不怕有学生作弊。

眼前所有的一切都是天时地利人和,仿佛老天都在帮我,我到底要不要进去呢?毕竟我从来没做过这种事情。经过几秒思想的战斗,我还是悄悄地溜进了图书馆,轻手轻脚走到桌子旁,铆足了胆打开了第一本试卷。

"Vivian." 我还没来得及看一眼,突然听到有人喊我的名字,我吓了一跳,赶紧把卷纸合上,假装若无其事地转过头。

莫作弊，作弊被雷劈（下）

一个熟悉的身影走到我面前，是Cindy。

"Cin……Cindy。你怎么在这儿？"我支支吾吾，感觉自己讲话舌头都在打结。

不知道她刚刚是不是看到我偷看试卷了？想到这里，我的心一下子就提起来了。

"你来这干吗？"Cindy有些狐疑地看着我。

"没有，我就到处逛逛，逛到这里来了。"我生怕她起疑，赶紧找了个借口，"那你怎么也来啦？"我灵机一动，反问她。

"我啊，呃，也就随便逛逛。"Cindy脸色稍微缓和下来，虽然她的表情还是讶异，可是也没有再继续追问。

"你们怎么来得这么早？"Sherry的声音出现在图书馆的门口，她拿着书朝我们走来。

"是啊，今天分班考试得提前准备。"Cindy说"准备"两个字的时候不知道是不是我做贼心虚，总感觉是在说我。

Sherry看着我们两个人，像是要从我们脸上看出什么蛛丝马迹，最后她

第二章

还是淡淡一笑若无其事地对 Cindy 说:"学霸,我有个题不会,你教教我。"说完就把 Cindy 拉到一角,我看她们在说题目也没好意思跟过去,只见她们两个交头接耳地说了一阵子,用我根本听不到的音量在讨论,我转头看她们的时候,她们正好一起转头看我,两个人的脸上都露出摸不透的表情。

这次偷看考卷的事件算是有惊无险,考题是没看成,可是我至少也不会以作弊为由被诉。

Cindy 的出现及时地阻止了我内心即将犯错的小恶魔,也算是大功一件。不知道她会不会把看到的告诉 Sherry?可是 Cindy 为什么也会出现在图书馆呢?她见到我时非常淡定,却也能从她的表情中看出些讶异,我的出现仿佛她意料之外的。莫非……她与我意图相同?我赶紧撇清了自己的想法,又不是每个人都打着坏心眼。

同学还没有到,Sherry 和 Cindy 还在探讨学习,我本来也想把书本拿出来再复习一下,可是昨儿看了一夜的数学,现在一看到那些习题就想吐,干脆拿出手机刷了一会儿国内最火的电视剧《何以笙箫默》,希望大学霸何以琛能带给我好运。

刷了一会儿剧,学生陆续来到图书馆,我仔细观察了一下每个人的脸,平时都是神采飞扬的,现在大多人带着紧张和忐忑,只有少数人表现得很平静,不过谁知道是不是装出来的呢?对于学生来说,最能主宰我们喜怒哀乐的就是考试了。

考虑到专业术语以英语呈现可能发挥不出我的真实水平,考试前我向 Ross 女士借了一本英汉字典,也好有个心理保障。

Ross 女士一声令下,我成为全场第一个打开考卷的人。我粗略地阅览了一遍考题,都是一些几何与图像题,特别考验思维敏捷能力。我最弱的板块就是实战应用,而整本考卷恰巧都是这类题型。

我决定按顺序开始解题,前几题都是最基本的代数题,花了一点时间便迎刃而解,而我旁边的那位墨西哥小妞还在对着一道一元二次方程摸不着头脑。我总算领略到了作为一个中国学生的优势,果然应试教育下的孩子更加稳扎稳打。那些看似错综复杂的图像其实全是噱头,抛开现象看本质,无非是一元一次函数,少数一元二次函数和简易统计图……还有一些看起来唬人实则平俗易懂的几何体,是人都能推断出,这两个图像边角边相同,明显到不能再明显的全等;或者就是一个平角分成两等分,一边 $2x$,一边 $3x$,让你分别解出俩角的度数。

我敲了敲脑壳儿,那么简单的题目,可不是在做梦?枉费我昨晚努力复习了那么久,今天居然给我来了几道小学生奥数题。

"Oh, my god." 隔壁桌的一个漂亮女生把考卷盖在脸上,整个头都砸向了桌子,抱怨题目太难。另外一个英国小帅哥飙出几个脏字,两眼直勾勾对着一道一元一次方程题傻了眼。

看着他们对这些题目束手无策的样子,我简直无法相信,这类我五六年前就烂熟于心的题,居然会难倒国外高二学生?我开始怀疑起了他们的智商。

大部分题型难度相当于国内初二水平。而这些题对我来说早就不是什么难题了,说句不夸张的,我随便做做都秒杀全场。这时候我的内心不由得开始感谢天,感谢地,感谢初中数学老师的摧残,这次终于轮到我站在金字塔顶端俯瞰众生了!吼吼吼……

整张卷子目前只有一道题让我卡壳,我转头去看 Sherry,她眉头紧锁,愁眉莫展,感觉有许多题目不会的样子。倒是 Cindy 早就完成了第一张试卷,又向老师要了一张继续做。据说这张试卷是全校只有 10% 的学生才能完

第二章

成的进阶题，就连Cindy也嘀咕着题目太难。

大家都在奋笔疾书，而我早已完成了整张试卷，只剩下一道说明题还卡壳，原因是我不敢确定其中的一个专业名词的意思与我的记忆是否一致。我拿出手边的词典，核对答案，果然与我的记忆一致，这本字典也源于我的不自信，其实根本形同虚设。Sherry抬起头看着我，看她做出的嘴型，像是在问我怎么会有字典，我刚想说出事件原委，就被监考人Ross女士发现，警告我不许说话。我只叹出最后一口气，把笔拍在桌子上，神气地离开考场。

我能感到全班同学对我投来不可置信的目光，他们肯定没有想到我会是全班第一个交卷的人，我不用看都知道大多数人肯定都在羡慕我这么快就做完题目，当然里面肯定也有不看好我嫉妒我的，我才懒得管他们怎么想呢。我现在完全沉浸在题目太简单的喜悦里无法自拔，毕竟昨天对考试的担心困扰着我，让我一个晚上都睡不好，这下看到这么简单的考试内容，突然让我对今后的留学生活有了巨大的自信。我那个在国内实现不了的学霸梦，说不定能在得州实现呢。

一想到这里，我整个人心情都愉快了起来，连走路都仿佛带着风。

我蹦蹦跳跳走回寝室，如释重负，把沉重的头埋进柔软的客厅沙发里。第二个考完回来的人是Fiona，她抱着我，大叹一口气，啥话也没有说，一副欲哭无泪的神情，我还没来得及对她说些什么安慰的话，她已经犹如行尸走肉般回到自己房间。

只听见"啪"一声，房门被死死地合上。

哎，你们这些外国人啊。让你们从小只知道玩，这么一场小考试就能把你们打趴下？有种来中国上半年学，待不了一周，你们就知道"身在福中不知福"这几字儿咋写了。

第三章

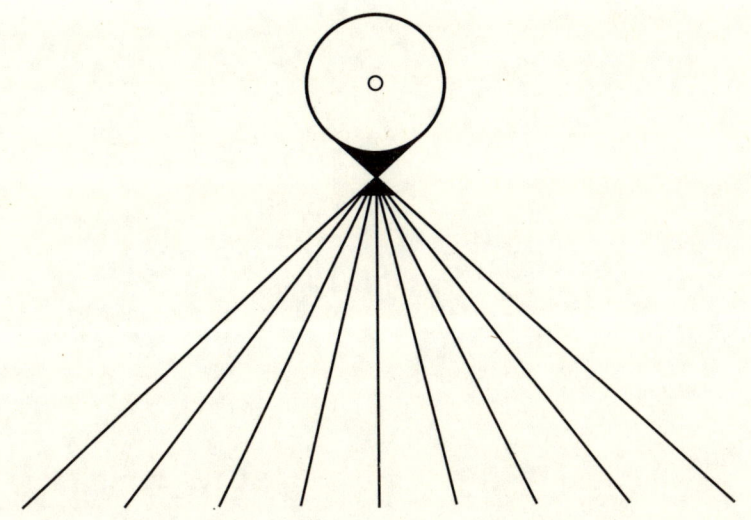

异国成长

原来我是这样的潜力股

我悠闲地吃过午饭，等待下午Ross女士在寝室公布分班成绩，据说分班考试收卷完两小时就能出结果，我估摸着下午差不多就能看到我在得州的第一次考试的"战果"了！

我坐在客厅，拿出手机继续刷剧，准备一边看剧消磨时间一边等待分班的成绩。

"Vivian, Vivian."没多久，一个标准的美式口音呼唤着我的名字，我扭头一看，是面露喜色的Sally，"Good job, gal. Congrat!（你真棒。恭喜哦！）"她首先夸赞了我一番。

我不明所以，"怎么了？"

"我刚刚遇到了Ross女士，她悄悄给我透露了你的成绩，你进了Algebra（代数）班。"

我对国外数学的分班制度一无所知，更不清楚代数班代表的水平是什么，不过看她的表情应该不算太差，但是看她那么开心，看来她考得也不差。

"How about you?（那你呢？）"我反问道。其实心里特别想知道她考得

第三章

是不是比我好。

她见我如此淡定，没有喜形于色，便说："Geometry, not bad.（还不错，几何班。）"

我虽然对于国外数学分班制度一无所知，但也知道这两个单词。从字面意思来说，几何比代数高级一些，代数听起来更像是儿戏。估计是因为考试前，我不停在用英语抱怨自己数学垃圾，搞得大家真以为我一窍不通似的。

本来考试的时候，我对考试内容还挺自信，觉得自己考得不错，现在看来是我高估了自己。

我更加确信了自己的数学比美国人还差的事实，瞬间沮丧起来。

"进代数班已经很不容易了。"Sally跟我说。但是这句话在我听来只是安慰我。

我郁闷地瘫在沙发上一动不动。我明明认真复习了，考试的时候也发挥得很好，原以为肯定可以拿到满分，可现在，连一个外国人都进到几何班，我却在一个听起来那么low的课上，这不科学啊！希望是她记错了吧。

大家陆陆续续回到宿舍等成绩公布，Cindy欢欣雀跃地和每个人打招呼，看来她对自己的成绩非常自信。而Sherry则愁眉莫展。她们同进同出，我隐约听到她俩提到了我的名字，也提到了这次考试。

我惴惴不安地攥着客厅沙发上的抱枕，等待真正的结果出炉，那只可怜的泰迪熊快被我蹂躏成一团了。希望不要考了一个差班。

门外悬挂着一片七彩的风铃，有任何风吹草动，它们就会前后摇曳，叮当作响。门开了一条缝，风铃晃动出美妙的音符，伴随而来的是万年正经脸的Ross女士，而我的眼里只装得下她手中一大叠表格。

"Alisa."她由字母顺序，先叫了一个女孩的名字，随后给了她一份表格。许多人都围上前去，好奇地看表格上到底写了什么。那是一张课程表，上面写着我们每天的基本班级安排，也包括刚刚分好的班级。

虽然Sally提前剧透了我的成绩，可是我还是期望有奇迹发生。

Ross女士发表格的速度极为迅速，很快就到了Cindy。我盯着那张纸成功传送到她手中，好奇地直接夺了过来。

"哇——"在看到她成绩的时候，我发出了惊叹，其他人也纷纷围上来看她的排课。那些外国同学也与我一样连连惊叹，外国人都夸奖Cindy是个"pro"（很牛×的人），所有人都竖起大拇指对眼前这个打扮朴素、眼神有些呆滞的姑娘另眼相看。要知道，Cindy所在的这个calculus（微积分）BC班，那可是全校理科尖子生的聚集地，成为其中一名佼佼者需要付出很多努力，她的潜力真不容小觑。

Cindy对这个成绩显然也非常满意，表情是难言的骄傲，但是她还是很谦虚地推了推眼镜，腼腆地对大家说："这没什么啦。是中国的教育好。"果然是一个学霸会有的状态和表现，此刻她在我心目中的地位又拔高一个档次，光荣升为学神。我暗自羡慕她的功底，学神的世界我不懂，还是默默当个平民老百姓好了。

羡慕完Cindy之后，我不禁也有点好奇Jackson、Simon、Fiona和Sherry的数学分班。其他课程都没有什么好关注的，所有国际生进校第一年上的都是同样的基础课程，为了给我们打好地基，只有文娱课和数学是个例外。

Jackson和Fiona分到了代数2班拓展班，Simon进入了几何班。我才意识到，原来代数是分上下的，Jackson自然上的是更高级的课。那就奇怪了，像Jackson这样的学霸，就算没有Cindy那么厉害，也总比Sally本事大得不止一截吧。为什么进的也是代数班？Fiona当时考完还很沮丧，现在看来也有两把

第三章

刷子。

不过我还是固执己见地认为几何比代数课程更高级,我怕遭到嘲笑,虽然有疑问,还是不好意思问清实情,到现在仍云里雾里。

Sherry 拿到课表后紧张地看了一眼,并没有多大的喜悦,甚至还带着一丝失望,她默默地把那张纸折起来塞到口袋里,生怕别人问她。

我有种预感她考得不理想,Sherry 作为本校的老生本来不需要参加分班考试,因为老生之前都已经考过分好班级了,她是想重考一次考到更好的班才参与这次考试的,不过看样子这次成绩还是不如意吧。

我想刺探军情,却以失败告终,我准备等大家都完事回房间后再拷问她。

我没想到自己会为了一个分数表现出前所未有的心惊肉跳。想当年老娘在国内学校里,可是出了名的洒脱,在那个弱肉强食、竞争残酷的实验班里,所有人的生存法则是必须要有个傲人的数学成绩,可我从来都不 care。

我的英文名是"Vivian",按照字母表,V 排在倒数第四位,快到我了,我的手心都已经冒出汗珠,紧张得捏住那个泰迪抱枕不放。

当 Ross 女士念到我的名字时,我立刻冲了过去,还没等 Ross 女士将那份在我心里重如千斤的 A4 纸交与我,我就迫不及待地抢过它。

她冲我莞尔一笑,竖起大拇指,还不忘说了与 Sally 一样的话:"Good job."

课表上的第三课时,单词印刻出一个清晰的 Algebra 2 Honors(代数2拓展班)。

收到这个结果,我既无解又意外。我意外于自己不仅没有沦落到代数1班的地步,还成功进入了貌似别人梦寐以求的拓展班;困惑于我还是对这些班级的等级制度毫无头绪。

"嘿，亲爱的，我这个 Algebra 2，加一个 Honors 算什么水平啊？"我终于鼓起勇气冒着被嘲笑的危险主动问了 Sherry。

"Vivian！你好棒啊！"Sherry 听到我的成绩眼睛里放着光，如同我抢过 Ross 女士课表一样，抢过了我的课表，用羡慕的语气说道："你这已经是最高级的班了。"

"What？"我一激动就会说出英语，"代数难道不是比几何更简单吗？"我想想觉得不对劲，还是吐露出了我的疑惑。

"你傻呀，宝宝。"Sherry 的语境，配上当前分班局势，让我有点摸不着头脑。她看我仍旧一知半解，继续补充道："代数 1 是最基本的课，几何排中间，代数 2 在这三个中最难，你这拓展班还是高级班，Vivian，你还说你数学学渣呢，活脱脱的潜力股……"她看我还是云里雾里，又解释道，"代数是高一新生能学到最高级的数学课程，完成这门课后，正常的节奏就是预备微积分、微积分 AB 和 BC，如果想像 Cindy 这种嗜学习如命的怪胎一样追求浴火重生的快感，就可以申请做拓展试卷，直接跳级步入微积分 AB 课，简直 666。"

开学必修课之知己知彼百战百胜

我对目前的战果非常满意，现在满心期待明天老生的到来，当然希望的是他们都能和我情投意合，最好少来几个搞事情的主儿。

我想先了解一下这些人的情况，方便等见到之后，和哪个面善的学姐套近乎，纳入后宫，在异国他乡也算有个依靠。目前最了解老生情况的人就剩下Sherry了，其余全是一问三不知的傻白甜。

虽然之前Sherry也和我提到过一些老生，但都是匆匆带过，这次我决定要聊个彻底，好好探一探所有老生的底儿。

我来到Sherry的房间，敲了敲门，虚掩的门自动打开，Sherry正在聚精会神地玩手机，完全没有听到我的敲门声。

我轻手轻脚走到她身后，她正打开微信聊天窗口，点开了置顶的那个号，欲言又止地输下"我们一起去逛街吧"几个字。与她对话的那个人用的绿巨人的头像，一看就知道是个男孩儿。

她丝毫没有注意到我的出现，继续心无旁骛地和那个神秘人聊天。一会儿疯狂地捶打枕头，面露苦色，一会儿开心得如同一个沉浸在爱河里的小公主。

她神经兮兮的举动吊起了我的八卦之心。

"Sherry。"我喊她。

"嗯……"她敷衍地应了我一声，灵魂出窍了似的。

"喂，李媛媛！"看到她完全爱理不理，我不得不直呼她的中文名字了。这是我第一次称其大名，一个平常到有点令人心寒的名字。

"啊，啊。"她终于发现我的存在，用迅雷不及掩耳之势锁上了手机，仿佛正执行着什么不可告人的任务，"你什么时候来的？怎么也不敲门！"

"我敲门了！你沉浸在幸福中完全没听到！"我故意揶揄她，八卦本性在此暴露无遗，"你那么紧张，是在和谁聊天呀？"我坏笑着蹭到她身边，顺便坐到了她的床上。

虽然知道应该经过他人同意方能坐他人的床，但我又没滚过泥地，随意坐坐，Sherry应该也不会管。

她的脸竟红成了一个苹果，难以想象平时这个知心大姐姐般的女孩儿会秒变成一个羞涩少女："没有啊，我没和谁聊天。"她有些慌乱地解释。

可是她的手机不停作响，一条条信息轰炸着屏幕，弹出了"Billy发来一条消息"的字样。

她纠结地想去看手机，又怕被我抓到把柄，便无奈忍住。有脑子的人都能猜到，一定是那个叫Billy的绿巨人给她发的微信，她逃不过我的法眼。

"那么想看，一定是你的小男友吧？"我带着挑逗的语气试探她，八卦是女孩子的天性，刚考完数学后疲惫的我瞬间打起了精神。

"不是啦不是啦，就是一个男性朋友而已。"她慌张地解释，但是表情已经出卖她了。

"干吗不好意思啊？快和我说说是哪个同学？我认不认识？"

第三章

"没有,真的不是男朋友,他也不是我们学校的,是外校的。"她一边说,一边拿起手机又刷了一下消息,生怕错漏了什么重要信息,不过可惜,她刷完之后,眼里透露出失望的神色,我估计那个绿巨人的答案没有令她满意。

"好了,不说这个了,你来找我什么事情?"她转移话题问我。

看她不想再提及,我也没必要抓住她的八卦不放,于是开始进入我今天来找她的主题,旁敲侧击打探老生们的一切。

打探别人,可比打探她有趣多了。她本来刷手机刷得失望,被我这么一问,正巧问到了她的兴趣点上。她立马放下手机,与我分享起其他同学的八卦事。

正如我所料,即使目前还不清楚 Sherry 的学习能力,也能感受到她爆表的情商。可能也是怕得罪人,她把整个学校所有去年的中国学生夸了一遍。有些夸奖得不明显,也变相称赞了一下。

由于好奇,我先问起了这个学校去年中国男生的颜值状况。

她的原话是:"可能是我脸盲。大家都长得好像,反正基本都戴眼镜,全是短发,都一模一样。好在,他们都是学霸。"

我:……

她刻画的每个人都惟妙惟肖,比如谁成绩最好,谁最花痴,谁最闷骚,谁最热情,谁最邋遢,等等。不过在冷嘲热讽的同时,令我印象最深刻的是一个名叫 Watson 的男生。说起这个人,她变得更加亢奋。

她口中的 Watson,是一个品学兼优、通情达理、谦逊、脱俗、高瘦、清秀、寡言的高冷学长,要说唯一的缺点,也就是不近人情。

这样的学长,也只配天上有,完全是女生心目中遥不可及的理想型,是一个能用所有褒义词来形容的偶像剧人物。

"哇！听你这么说，这个Watson岂不是像男神一样的存在？好期待可以看到他啊。"

我开始幻想着这个学长该有的样子，光凭Sherry的言语就能感受到他的魅力。

她看我迫不及待得心都快跳上了天花板，补充道："你也别期待得太早，说不定会让你失望。"她继续道，"他呢，各方面都很棒，也不像那些男生一样整天就打游戏，可是他不怎么和女孩子说话。"

"不会吧？"

Sherry讲起了去年某个学姐苦追Watson的事例："那是个已经毕业的漂亮学姐，与Watson同一节编剧课日久生情，学姐耗费不少心血追求这个铁打的人，情人节当天还给他送了一大盒心形巧克力，折了一玻璃罐儿千纸鹤，每一折里都写了句心里话，以及从认识他起每天观察到的细节。结果，那Watson因为一句'感觉不对'，把她给拒绝了。那学姐特别伤心，一蹶不振了好几周。"

"漂亮学姐倒追都拒绝？"我没想到有男生面对美色居然坐怀不乱，看来是一个很冷酷的男神啊。

"还有一次，某个中国女生主动搭讪他，试图通过聊天一步步接近男神，谁知他俩真真正正成了尬聊，无论那女生问什么，Watson都敷衍了事地回答'嗯''哦''哈哈'。"

我听着Sherry的描述，心肝一颤，刚刚的期待降到了冰点，心那么冷的人，别说做朋友了，估计话都没说几句，男神就扭头走人了。

聊了这么久，在我脑海中印象最深的除了上次Sherry和我提到的Alice，就是这位又酷又冷万人膜拜的男神了。

这个室友有点极品啊

考虑到我更乐意交女性朋友，听了一小会儿Sherry对各位男生的介绍后，我就转移话题到女生，上次已经听Sherry和我八卦过了一些，性格最鲜明的女生，就属那个叫Alice的女孩儿。

"这个Alice啊，人不错，成绩和长相也可以，只是比较喜欢和男生搞暧昧，去年有个男生还很过分地叫她绿茶婊。其实她只是比较喜欢跟男生一起玩儿，和很多人都有点搞不清。"Sherry故意在结尾处替她说了一点儿好话。

不过我听完Sherry的描述，Alice的形象几乎跌入谷底。

众所周知，女生最痛恨的就是水性杨花的同性，我自然也对这个女孩儿的印象好不到哪里去。我在心里默默地想好了明天面对一堆老生时，该如何应付她，完全打消了和Alice交朋友的想法。

我回宿舍踏踏实实睡了个安稳觉，醒来后已是早上8点，打开手机一看才发现Sherry拉我进了本校的中国学生群，其中包括所有在校学生以及毕业生，还有Cindy、Jackson和Simon。

原来他们都抢先一步找到组织了。

大早上闲着无聊，也懒得洗漱去吃早餐，我便翻看着隔夜聊天记录，发现有一大堆人都借用表情包宣泄着对即将开学的不满，也有过来人抱怨住宿生活的艰难；当然男生们之间也在互相调侃，怂恿我们新生爆照，如同调查家底一般调查着各位新生的颜值。

我点开所有人微信头像，把能看到的照片都摸了个透。开始依照真名备注，一一找寻到了 Sherry 昨晚提到的那些同学。刚想去加某个学姐的微信，就收到微信页面上好几个人的加好友请求，大家的热情程度非同一般。

因为许多同学或是在中国飞往美国的飞机上，或是在转机途中，所以学生群里显然不如昨天热闹。老住宿生大概下午两点才到校，学校将会在那时举行下午茶活动，预热新老同学间的关系。

传说好学生都是热爱阅读的，起床后检查完手机信息，我再次温习了暑假阅览书目，培养良好的学习习惯，然后跟着 YouTube 视频里的健身达人做了几节瑜伽，同时注册了 Instagram 和 Snapchat 账号，精挑细选相册照片，在外国社交网络上发送生平第一更动态——一张经 PS 和滤镜处理过的自拍，接着转战朋友圈，呼吁大家关注。完毕，洗漱。

我的心情非常好，想着马上要认识新朋友了，抑制不住内心的欣喜。

Maria 还在沉睡中。我看了她一眼，心中默念：美好的一天开始咯！

我打算冲个热水澡，开启元气满满的一天。没想到当我轻声哼唱着歌曲打开浴室门时，被眼前的一幕吓了一大跳。这分明是孙悟空大闹天宫的架势。

距我三米的洗手台上，不知名的护肤品摊了一大桌，还有剩余的瓶瓶罐罐掉落在地上，里面还有白色液体漏了出来。最巧的是，这些不明白色液体还倒翻在靠近我梳妆台的位置，想来作案者必定别有用心。

我捡起这几个空瓶，将它们扔到垃圾桶里。垃圾桶旁还散落着些毛发，

第三章

毛发上粘着白乎乎的药膏,像是刚被剃下的汗毛。

眼前的一切令我一阵恶心,纵观整个厕所,镜子上残留着清晰的爪痕。

莫非是哪位大小姐涂完面油,把剩余的精华分享给镜子不成?

这个厕所仅供三人使用,根本不会有外来住宿生闲得蛋疼来搞破坏。此举非我,罪魁祸首也就是 Sherry 或 Maria 了。Sherry 为人正直,房间整洁干净,与我无冤无仇,那么,作案者最有可能就是前几日与我结下梁子的室友——Maria。

切,还洗洗澡,吃早饭,你能干出这么"恶心"的举动,本小姐也不装了!你要玩,那我陪你玩到底!

我刚想冲出浴室,叫醒这印度妹子来一顿骂。突然,脑子里闪过出发前母亲的告诫:凡事三思而后行,别拿别人的错误来惩罚自己。

这作案现场虽然很明显是她所为,但我不能抱着个人恩怨来解决这场闹剧,我要冷静。大家来自五湖四海,室友之间,生活习惯差异很正常,大不了等同屋都起床一问究竟。

我给自己做完心理建设,好不容易才冷静下来。

今天是那么快乐的一天,我当然要抛下所有烦恼,先洗个澡。

我拿来毛巾擦干净镜子上的脏手印,对着镜子散下头发,摆出几个销魂的姿势。我学着那些好莱坞大片女主,惬意地打开水龙头,水柱顺流而下,倍感清新舒适,洗澡真是个洗净烦恼的好方法。

我转头挤了几滴洗发液,刚想往头上抹,却被近在咫尺的一幕又吓了个半死。

摆放沐浴瓶的位置后面,又有几根头发如蠕虫般黏附在墙壁上,我一阵干呕。本以为这些恶作剧仅仅出现在电视剧里,这次可算让我经历了一波。

除了墙壁上的毛发，水槽上也有许多打结而成的发团盘缠在一起，堵住了部分水流，严重影响了浴室的整洁。

名侦探小柔上线，通过棕黑色的卷曲发丝，能判断凶手应该来自欧美或西南亚地区，宿舍里其他外国人大多都是栗色或金黄色鬓发，所以现在100%确认，作案者是秦小柔的印度室友Maria。鉴定完毕。

我强忍住眼眶里打转的泪水，觉得自己受到了莫大的委屈。在国外这个人生地不熟的地方，吃不习惯，睡不安稳，每天还要收拾奇葩室友的烂摊子。更多住宿生马上到来，也不知道他们是怎样的人。要是再出现一个Maria二号，我绝对义无反顾申请转学。

单纯的我起初觉得此举可能非她所为，而现今证据确凿，不是Maria，就是平行时空里存在着一个她的外星双胞胎姐妹。这么多天我忍受她对我的爱搭不理，现在还要忍受她的"恶心"行为，如果我继续忍耐，她会越来越放纵。

我再也控制不住我的冲动性格，准备和她正面对决！

我擦干身体，干脆裹着浴巾跑到房间。

"Maria！"我大喊她的名字，试图将她吵醒。

"嗯……"她还是睡梦中的状态，嗯嗯哈哈地回复我几句。

我都已经喊得这么大声了，她居然仍睡得香甜，看来是时候放大招了。

我掀开她的被子在她耳边大声说："别睡啦，快点起来！"我铆足了劲儿要她醒来和她正面交锋！

实行硬措施还是很有用的，Maria终于迷迷糊糊醒过来了。

"What？"她眯着双眼，迷离地看向我。

看到她这半梦半醒的可怜样，我一下就心软了，又不想和她发火了。

第三章

可是我脑中不断闪现出她犯下的那些罪状,我告诉自己不能心软!

"You go and see what's going on!(你去看看怎么回事!)"我说了一句,并拉起她走向厕所,拉开浴帘,让她好好看看自己的佳作。本以为她会被自己狠狠惊到。

可她轻描淡写地耸耸肩,若无其事地说:"干吗那么激动?这又不是我的问题。"

初遇·终于见到传说中的他们了

一个宁静的中午，接踵而来的互怼声从第一栋宿舍楼的第一个套间里传出。只要过路人，都有可能被这激烈的争吵声吓出心肌梗塞。

"This is your problem, You made all of those!（这就是你的问题，这些东西都是你弄的!）"我简直气炸，在事实面前她居然还推卸责任。我激动得差点就站到了自己床上，恨不得给那满浴缸的卷曲碎发来个天女散花。

"OK, I didn't do it on purpose. You don't have to wake me up just because my hair's stuck in the sink!"（我又不是故意的，你没必要因为我头发进了浴缸就把我弄醒啊!）"她两只眼睛瞪得比铜铃都大，一副我在小题大做的表情，说完气呼呼地回到自己的床上，好像是我犯了错，她在无条件原谅我似的。

我差点儿要发飙，但是考虑到生气伤肝，小仙女我才不和凡夫俗子计较。一会儿我还要美美地打扮一番，和学长学姐套个近乎，促进一下人际关系，最后与"能力者"结盟，花式吊打这位蛮不讲理的小太妹。

我深呼吸三口气，告诉自己，不能用争吵解决问题，咱要用温柔感化！想到这里，我平复了一下情绪，以身作则拿起扫把，替她扫掉了地上的碎

第三章

发,并且捡起那些瓶瓶罐罐,用纸巾擦干净,放在桌子上。

突然想起了一句歌词:"菊花残满地伤……"

Maria 低着头闷声不响,眼睛却时不时瞟向我,看样子有点不好意思。

打扫完毕,我向她莞尔一笑,她估计意识到自己的错误了,面无表情地坐在床上,两只圆溜溜的大眼睛看向簸箕里的头发堆。我开心地想,这小洋妞总算认识到自己的错误,肯定准备着要向我道歉呢。

我帅气地甩下扫把,瘫倒在床上,等她跑到我面前,哪怕说句"sorry"都好,我也就认了。结果她再一次让我的希望落空,扭头就走。

道歉?不存在的!以身作则都没有用,我只能把眼前所有的烦恼抛之九霄云外,安心准备新老生见面会。玛丽亚(Maria)小朋友,等我找你秋后算账!

眼看不到两小时,老住宿生就要到了,我没时间和她计较,赶紧开始补妆,试衣服,迎接老生的到来。

我看着化妆镜里的自己,经历过倒时差加上最近与室友的斗智斗勇,这段时间居然瘦了几斤。脸部轮廓更清晰了,衣裤还松了不少。可惜我这几天心力交瘁,早晨刚上完妆,黑眼圈再次显现。

我这个化妆小白从未有过遮盖脸部瑕疵的经验,只能照葫芦画瓢学那些美妆博主,盖上一层厚厚的遮瑕膏。刚刚穿了一身休闲运动服,显得太过随意,我想起今天即将举行的下午茶活动,便换上了条洛丽塔风格的中世纪欧式复古过膝裙,还真像一个小公主。抿了抿玫色口红,完美。

室友继续不顾我的感受,躺在隔壁床上放着她钟爱的印度音乐,我懒得再去和她争执,插上耳机听歌,幻想我与学长们第一次会面的场景。

昨天还故意装矜持,今天为了给所有同学留下高冷的印象,我在群里礼貌地介绍自己，和那帮炸开了锅的老生形成鲜明对比。

与同胞们侃山侃水的同时，我开始幻想遇到一个金发碧眼的美女小姐姐帮助我解决留学期间各种疑难杂症，或许还能成为我的好闺密。另外，最好能有一个颜值堪比贝克汉姆的学长，带领我走上人生巅峰，顺利融入本土学生圈，这人生岂不是圆满了？

伴随着门外清脆的风铃声，我感觉门被什么人推开了。虽然只是一个简单的同学会面，我的心却开始怦怦乱跳了。

"Hi, Mrs. Brown."两个嗲嗲的女声传入我的耳朵。从声音判断，一定是两个萌妹子正和宿管妈妈寒暄。

我整理了自己的头发，顺便又补上些眼妆，容光焕发地跑出房间，听见隔壁Sherry同学的无情嘲讽："我的亲哪，也就是见个同学，有必要整那么一堆吗？"

"这你就不懂了吧，第一印象实在太重要了。它决定了对方会不会与你交朋友，小帅哥愿不愿意和你聊天，学霸愿不愿意帮你讲题。"

"行行行，看你打扮的，跟cosplay的一样。浮夸。"她用嫌弃的表情与我开起了玩笑，我反倒更满意自己的着装了，臭美得不停照着客厅反光镜，摆出各种pose，假装自己在拍一组大型写真。

刚才进屋的两个妹子呢？我望远处一看，最先留意到的是其中一个女孩儿的大长腿。她穿了一条紧身齐臀牛仔短裤，上身搭了一件罂粟花图案的针织长袖衫，身材满分，没话说。

她留着大波浪鬈发。狭长的丹凤眼透露出一股妩媚。五官算不上精致，却很有韵味，想必是特别受老外欢迎的类型。她的唇小巧而丰满，像是含了一颗酒红色的樱桃，微微上翘。

第三章

"Hello！"我升高音调，面带微笑和她们打招呼。

"你好。"其中一个女生热情地与我握手，另一个女生看起来特别害羞，对我点了点头。她们俩互相对视了一眼，看了看我，邪魅地对视一笑，开始玩起了手机。

我想，应该是她们见到生人太害羞的缘故，所以才把我抛弃在了一边。此时特别想献上一曲《凉凉》。我从小到大跟随做生意的爸妈参加过无数大型活动，性格逐渐从慢热变得健谈。

这次面对老生，照理来说应该是满怀热情地跑上前去给她们大大的拥抱，可是不知为何，我开始怂了，比见市级干部还紧张十倍。

这时候，Sherry兴奋地打开房门，我清楚听到门碰撞墙时发出"砰"的声音，一个飞影像离弦的箭一样蹿到我面前。她一个勾手，搂住了其中一个妹子，又一勾手，另外那个妹子也被拥入她的怀抱。

"好想你们啊！"Sherry激动之情溢于言表。她们仨瞬间犹如失散多年的姐妹，而我就是个局外人，场面更加尴尬了。

茶会时间还没到，我暂时只见到了这两个女生，居然给了我一种不祥的预感，接下来见到的人可能会更内向。

"宝宝，我也好想你啊！"那个大波浪鬈发的女生面对Sherry像一下子换了个人，顿时喜笑颜开。

"Alice，下次宿舍组织shopping trip，我们一起去买衣服吧。"Sherry和她亲昵地说。

Alice的名字突然出现，不免使我感到惊讶。原来这女生就是传说中的Alice，是Sherry一直提到的，她讨厌的，那个喜欢与男生厮混的Alice。

前脚还在背地里说Alice的陋习，后脚就成好闺密一起去逛街了。这出乎意料的转变使我感受到人性的复杂。

回想起在国内上初中时，我也有讨厌的人。而我通常都是选择与他撇清关系，或者直接不予理睬，所以，我不明白Sherry看不惯Alice却还与她热络地保持关系的原因，可能这就是一个成功的社交人士该演的第一场戏。人太真诚是会吃亏的。

她俩还没寒暄完，那扇大门又被推开，这次推门的动静比之前两位女生轻柔许多。

果然，迎面走来了一个高挑美女，她披着及腰长发，穿着浅蓝色雪纺裙和一双小高跟。手中提着的有她两个人宽的行李箱，与她纤瘦的身躯形成鲜明对比。

她刚进屋，我就能感受到一股强大的气场慢慢逼近。她的衣着和发型亮丽整洁，没有因为长途跋涉而狼狈不堪。很显然，她比我们所有新生都看起来年长几岁，那种成熟、淡雅的气质和由内而外散发出的知性迷人的味道，已经超出了"美丽"两个字的概述。

传说中每个学校总存在着一个女神，我敢断定，她就是这个学校的女神。

"姐姐，你好。我是……这个学校的新生，你可以叫我Vivian。"哎，我咋那么不争气呢，看到美女就忍不住主动打招呼。

"你好，小美女。"这位女生捋了一下头发，露出真诚的微笑，"今年新生颜值都好高啊。"

她朝Alice和Sherry方向看了一眼，再转头温柔地看着我，我感觉自己整个人都快酥了。女神姐姐居然夸我漂亮！她居然夸我漂亮！！我今晚要激动得失眠了。

第三章

"啊,姐姐。你下飞机都没跟我说一声,我都快想死你了。"Sherry仍保持自己热情四溢的本质,上前给了这位学姐一个熊抱。

"Anna,你这次暑假说好要来北京找我玩儿的,最后都没有来,哼。"Alice一脸委屈地抱怨。

旁边那个文静的女孩淡淡地说道:"你还说过要来杭州找我呢,最后也没来。"女神所到之处,尴尬全无,哪怕只是旁听她们的对话,我都听得入神。

"我这个暑假特别忙,假期一回去就在美术馆实习,7月份陪我爸妈去欧洲谈生意,帮他们做翻译。8月也没几天,一转眼就开学了,下次有机会,我一定去找你们呀。"她从始至终都保持着恬淡的微笑,说话腔调软糯得可以掐出一把水来。

这三个姑娘的表情透露出同一条信息:女神的生活就是和我们不一样。

要说我是伪小仙女,那这位学姐一定是真仙女,由内而外的素养和言谈举止成正比,比外貌更重要。

可以看出,无论是Sherry、Alice,还是另一个名叫Kathy的女生,都对Anna学姐抱有敬仰之情,尤其是Sherry说话的语气,就差把脸贴在Anna胸上了。眼看她们聊得欢,我的尴尬癌又快犯了,感觉啥时候都不适合插话。

"妹妹,你叫Vivian对吧?"Anna走向了坐在沙发上发呆的我。

没想到Anna学姐会主动找我说话,顿时有种受宠若惊的感觉,吓得只呆呆"嗯"了一句。

"你要是以后有不懂的,都可以问我哈。"她亲切地和我说。

"好的,谢谢学姐。"没想到她人美,性格也这么讨喜。

我近距离面对着她,更能清晰观察到她精致的容貌。即使她打扮得清汤挂面，骨子里也透出素雅的美。

我偷瞄了一眼客厅反光镜，此时的我与她形成了强烈的反差，我的脸上还带着三层厚粉，早午饭前化妆时涂的一层，和之后补的两层；包括左眼上方，我手贱涂重半度的眼影，和右眼上方那条快绷不住的双眼皮贴。与之相比，这位学姐有着极少见的天然欧式大双，与那张瓜子脸配在一起，一点都不感到突兀。她长而浓密的睫毛动起来就像凤蝶的翅膀，在她的苹果肌上落下两行睫影。她细巧高挺的鼻翼在阳光的照射下更显立体了，近看竟有点神似混血儿。

我顿时感觉，那些所谓的校花都不足为奇了，Anna学姐无论从内到外都足以甩掉她们五百条街。我暗暗下决心，以后一定要好好跟这位学姐讨教讨教经验，等再过两年，我也想成为和她一样的存在。

"Guys, all the people are here. Let's get ready for the afternoon tea party."

还没机会和学姐聊上几句，布朗夫人就催促我们去下午茶会了。一会儿工夫，所有住宿生都到了，我透过玻璃窗看到有几个勾肩搭背的亚洲男生往食堂方向走去。路过的学生都目不转睛地看向我。要是说我长得好看，那么Anna学姐绝对比我美；要是说我裙子好看，也不至于都齐刷刷地往我这儿看吧。不就是条萝莉专属蓬蓬裙吗，有啥可看的。

食堂还是那个熟悉的食堂，现在被布置得花里胡哨，因为那些学生的到来而热闹许多。

大半个食堂都坐满了人，大部分都是亚洲面孔。我像只无头苍蝇一样乱窜，后来才发现原来墙上贴了一张座位表，我根据表上的座位号找到了位置。不知道是不是别有用意，Ross女士可能误以为我擅长活跃气氛，把我分到了人数最少的一桌。

第三章

　　她不知道我也是个慢热的人,而那桌上仅有的五个学生都一副学霸样,谁也不主动开口。看着其他桌都聊得热乎,而我们几人傻乎乎地待在原地朝对方使眼神,这个时候真希望有个人能最先开启一个话题。

　　我四处张望寻找解脱,希望有个人能够主动上前找我聊天,顺利把我带出这死气沉沉的一桌。

　　我向左看,Sherry、Alice和Kathy正聊得忘我,还打开手机翻看各自的朋友圈,讨论着自己认识的某些著名网红,真人与照片有多不符;这桌上的其他几位学姐聊着自己的韩国欧巴又发新专辑了,自家爱豆真帅。右边,一张全是外国面孔的桌上,夹杂着几个戴眼镜的男生,远看感觉这几人都长相神似,难以分辨。再往右边挪一点点,Anna学姐始终坐姿挺拔,保持良好的仪态,果真是个举止文雅的淑女。

　　她旁边坐着Sally、Maria和几个其他外国同学,明明这两人都是新生,对Anna并不了解,但她的魔力总在于能和所有人都一见如故,三人的聊天维持得非常精彩。再右边……

　　我的目光突然被一个面容清癯、纯净的男生所吸引。

　　他坐在靠近窗的位置,是那么的干净、清冷。阳光柔暖地从香樟日渐稀薄的阴影里漏下去,打在他的深蓝色衬衣上,能望到他衬衫衣领下的喉结,感觉像二次元人物复苏。阳光让他那份外在的冰山气质融化了一半,徒添了一份书卷气。

　　他看起来没有如此遥不可及了。他低下头在书上认真做着笔录,浓密的头发盖住了额头,使我难以看清他具体的五官,从这个角度,只看清他厚重刘海下那张棱角分明的脸,他俊朗幽兰的气质与Anna学姐的美成正比。在一片喧嚣中,他手捧一本《宏观经济学》,沉静地坐在角落。

他像炙热中的一股清流，闹区里的一棵独木。

……………

我对这个男生的好奇感大幅度上升，悄悄挪到他面前，生怕他发现我的小心思。

"同学，你好。"男生敏锐地扫到了我，放下手中的书，亲切地和我打招呼，一双眼睛温柔地看着我。

完了完了，我被他发现了。

"嗨，呃，你好。"我一下呆在那里，感觉全身上下器官都绷紧了。我用傻笑来缓解气氛。视线却忍不住对焦到他那两只专注而温柔的大眼睛上，他的眼睛里蕴藏着学识，还有半个世界。

开学了（上）

开学第一天。

昨天陪我入眠的是室友彻夜播放的印度歌曲，憋了一肚子火，这些歌曲雷人的程度对我来说和《忐忑》有的一拼，反正对我而言都是鸟语。

我不敢吱声，硬是忍着，心想如果实在忍不了过几天再跟她提这事吧，说白了一个字，就是"忍"。什么时候我能有那股野劲儿，直接向看不惯的人宣战就好了。我也不求能和室友小妹成为闺密，我很清楚，室友之间想要和谐一定要互相理解，可是我们现在就是互相憋气，看谁忍不住先投降。

其实，即便室友没有播放神曲，我也注定会失眠。大家在开学前一天都或多或少有心悸、期待或者焦虑，尤其是对于一个第一次来美国的小女生来说，期待和担忧是必不可少的。

来之前我已经做好了充分的准备，这要拜我初中的英语老师所赐，她帮助我打下了良好的英语基础，但我还是担心自己会跟不上老师上课的节奏，作业拖到凌晨，由于语言关系一窍不通，需要花别人十倍的力气。

对于社交圈这块，我信心满满，觉得只要敢于表达想法，练就一套厚脸皮神功，就可以彻底打入美国圈儿。

为了能给外国同学们一个好印象，我特地提前熨了下新买的校服。一件纯白衬衫和一条卡其色短裙，搭配起来很显气质。

穿上校服，拿好水壶，给自己泡上一杯水果茶，扒拉几口早饭，直奔开学典礼的地方。

我一直在抑制自己的激动，恨不得直接冲进礼堂，坐进顺眼的外国人堆里交新朋友。结果礼堂还没开门，就我一个人杵在哪儿犯傻。我看看手机，翻翻微博，查了下出国留学容易遇到的困难与解决方案。

其中A同学提到自己刚来的时候信心满满，对美国校园生活满是憧憬，认为自己将交到许多美国朋友，并且科科拿A。结果让她大失所望，不仅没跟上学校课业，交到的朋友也仅限于中国人范围。英语仍然原地踏步，方言倒是进步了不少。现在的心愿只剩一个：开心就好。B同学是一名资深吃货，抱怨美国的美食种类不及中国的一半。来到美国后唯一能吃的只有垃圾食品，导致她胖了15斤，也就是传说中的"freshman 15"……

看着这些我也开始对未来充满了担忧，我也希望能跟所有人都处好关系，能够在一念之间成绩冲刺到年级前几名，成为众人口中别人家的孩子。只是这开学第一天也太仓促了，连课本都没拿到，对于即将要学习的内容可谓是一头雾水。

正当我独自在礼堂外徘徊时，远处走来一个身材高挑、扎着清爽马尾辫的亚洲女孩儿。学校规定所有的国际学生都必须住宿，这女孩儿可能是个美国亚裔。肤若凝脂这个词用在她这里一点儿也不为过。她穿了一件朴素干净的粉色针织衬衫，更加凸显出她吹弹可破的肌肤。我见过的瘦子有很多，瘦得像她这样的还真没见过几个。

这个女孩身体羸弱，苍白的肌肤甚至激发起了我的保护欲，给人感觉像

第三章

是一个纸片版的瓷娃娃。她的美貌和Anna学姐有一拼,却是两种截然不同的美。如果说Anna成熟冷静中又带有一丝妖娆和风情万种,那么她则是治愈系的美,就像是百花丛中恬淡寡欲的一朵莲花,美得很干净,濯清涟而不妖。

看到了一个漂亮小姐姐,我的孤独感减少了许多,感觉自己又找到组织了。我迫不及待想要上前和她搭话,由于难以辨别国籍,要是认错了又尴尬。她看上去有种距离感,在那么多人当中,Sherry最平易近人,而她看似难以接近。

我决定用英语开始我们的第一次交流。

美国最大的魅力,就在于它是个海纳百川的大熔炉,在这个奇妙的国度里,有来自世界各地的人,哪怕走在街上蹦出来一个来自皮特凯恩群岛的人都很正常。最烦恼的一件事就是辨别国籍了,许多人都长着中国人的脸,但到底是中国人、韩国人、日本人,还是越南人,只能通过一些细微的差别区分,例如韩国人的眼睛偏细长,女孩子喜欢佩戴韩剧女主常用的头饰;日本人很有礼貌,着装朴素得体;越南处于热带季风气候,人的肤色会偏黑,身材也会精瘦;无时不在吃就是学习的,就是我们中国人了。

"Hi."我打破了沉默。

"Hi."她也仅回复了一句。

我尴尬地笑了一下,她也回以淡淡一笑。

她好像也不属于善于攀谈的人,所以时间就这样尴尬地停在了这一秒。

"I have to go.(我得走了。)"妹子拍了一下大腿,"Are you a dorm student?(你是住宿生吗?)"我点点头。

"Me too."她紧张的脸上露出了一个笑容,她也没有我想象中那么高冷。

"对了,妹子!"我刚想询问她的名字,她就消失在我的视线里。

Ross女士对于宿舍管理要求森严，无论遇到什么情况，她都不允许学生请假晚回宿舍，但这个女孩不仅晚回了宿舍，还没有及时找她汇报。莫非，她就是那些传说中给学校捐了一座图书馆的富二代？

随着这个神秘女孩儿的离去，终于有老师来开大厅的门了。学生陆陆续续进来了，我随便找了个位置坐下，下意识地坐到几个面善的外国人堆里。那几个外国同学面面相觑，朝我看了好几眼，随后窃窃私语，似乎在讨论我这个不速之客。

"Vivian!"远处传来一个细腻而响亮的声音。我回头一看，是Anna学姐，她还是露出了招牌笑容，招呼我和他们坐一起。

紧随其后的男生让我屏住了呼吸。

是那张熟悉的脸孔，上次遇到的那个让我"念念不忘"的帅气男生。

上次他和我打完招呼之后，不知道是不是出于少女的害羞，我鬼使神差地跑掉了，也没问他的名字，没想到这次又遇到了，不过学校这么小，能遇到也是正常的吧。这次我可要好好把握认识他的机会。

完了，早晨急匆匆出门忘记带补妆用的粉饼了，现在脸上满脸油光，而一旁的Anna则是光彩照人，仿佛是从古画里走出来的仙女。

男生也神采奕奕，他穿了一条黑色西装裤，凸显出他高挑的身材。Anna向我打了个招呼，便坐到了男生的旁边。不得不感叹，这两位真是金童玉女，看起来可真般配。

我犹豫了一会儿，为了摆脱尴尬的处境，还是在他俩旁边就座了，目光一直紧随男生，生怕会被Anna学姐抢走似的。

"哈喽，又见面了。"男生冲我笑了一下。

没想到他竟然记得我，这令我有点吃惊，这是不是说明他对我也有那么

第三章

一点儿注意呢？

"你们认识啊？"Anna学姐像是不经意地询问，脸上始终保持那标志性的笑容。

"见过一次……不过还不认识……"我不知道怎么开口就有点儿结巴。

"这是我们学校的优等生Watson，中国学生的骄傲，不认识怎么行？"Anna学姐大方给我们介绍，"Watson，这是Vivian，来自上海的小美女，你这个做学长的以后可要好好照顾学妹呀。"Anna学姐故意给我们两个人开起了玩笑。

我整张脸涨得通红，半天憋出一句："学长以后请多多关照。"

"一定一定。"Watson笑了起来，不知道是不是被我的拘谨逗乐了，他眼眸微弯，如同我第一次见他的时候，仿佛带着海水与星辰。

我故意逃避Watson投射过来的目光，可是他只要多看我一眼，我立马能脑补出一台校园偶像剧。

这时Sherry和Alice等人也到了大厅，他们三个并排坐，Sherry还和Alice勾着小指头，看似一对好闺密。Sherry好像在四处寻找着我的行踪，最后我们目光对视，我点了点自己脚下的座位，向那三位示意我想坐在原地。

我来回扫视，其他的中国男生都没有像我们女生一样拉帮结派，他们都散布在不同的人群和角落里，其中几个沉默寡言，也有几个与外国同学谈笑风生。Jackson捧了一本手掌大的小册子，一直偷偷环顾四周，估计是怕被老师连同手中的本子一起抓包，想必是在为今天的课程做准备；出乎意料的是，Simon居然和美国学生展开了互动，那些墨西哥小哥还被他逗得前俯后仰。

看到了Maria正和另一位西班牙裔女孩儿谈笑风生，又看了一眼Sally，作为一个地地道道的美国学生,她早已融入进去。此时的我多希望自己也长了一双碧蓝的眼睛和雪白的肤色,或许这样就能如同Sally一样更快融入这个集体中去。

伴随着同学说话的喧闹声,老师吹哨的声音,还有此起彼伏的管弦乐队演奏,开学典礼总算拉开了帷幕。三十来个同学组成了一个小方阵,演奏起了慷慨激昂的曲子。这是我来到这所学校之后,第一次看到Ross女士的脸上露出了笑容。

校长Alex先生发表了开学致辞,Ross女士作为教师代表非常热情地欢迎所有国际学生的到来,此外我还见到了所有十年级的任课老师。老师们都花了很长的篇幅介绍自己的学科,那个教历史的英国老太太,滔滔不绝地介绍自己的科目,从自己的出生,一直介绍到自己的大学。

以前在宿舍里的时候就听许多老生在和新生科普我们的数学老师,Alice说数学老师有一张绝世美颜,Fiona说Alice有点夸过头了,明明人家是上辈子拯救了银河系。身旁的Anna学姐戳了戳我,小声嘀咕了一句:"你们数学老师要来咯。"她的脸涨得通红,虽然提不上失态,但一个女神就这样沦陷在了数学老师的美人计中,也着实可爱。

只见一个金发碧眼的瘦高个儿在人群中赫然瞩目,我紧盯他好几眼才晃过来神。他身形挺拔,眼神坚定而锋芒毕露。距离有点远,我凑近观察了下他的五官。他的脸部轮廓棱角分明,下颚还留着一小片胡楂儿,自带好莱坞电影里的男主光环。定睛一看,还真有点像年轻版莱昂纳多和贝克汉姆的结合体。能将西服穿出气场的人少之又少,他笔挺的身躯撑起那套浅灰色西装,用上海话说,就是穿出了派头。

有了这么一个玉树临风的数学老师和帅气清秀的学长,我这几年可是能

第三章

享不少眼福呀!

作为一名资深颜控,我的目光全部聚焦在了数学老师身上。他简单地做了自我介绍,吃瓜群众就一片欢呼尖叫,还有人在台下高喊他的名字,"Mr. Andrew! Mr. Andrew!"

直到狂热的局势稳定下来,主持人才带领大家玩了新游戏。老师手里拿了根木杆,上面挂着两只甜甜圈,几个同学争先上台。最后老师选出了一个小胖子、一个高个子女生,一对情侣参加比赛,另外随机抽了两人手提木杆。

从进场开始就看着那对情侣秀恩爱,现在要轮到大家看他俩相爱相杀了。那对情侣和另外一男一女分别站在木杆的两侧,我的注意力全部被那个小胖子和高个子女生吸引了。

原以为那个看似敏捷的女生一定能赢过那个胖男孩,谁知那男生一个马步加上仰头,三下五除二就把甜甜圈吃了个精光,堪称一个灵活的胖子,而女生才咬了一半。另一边的CP组合也不甘示弱。显然女生的速度要慢一些,估计是男生谦让自己的女朋友,他刻意留了一手,吃到最后一口的时候停了下来,等自己的女朋友慢慢啃完,最后还是小女生赢了比赛。这波狗粮撒得实在是猝不及防。

游戏结束后,壮观的方阵队再次举着美国国旗出现,全体同学都开口唱起了美利坚爱国颂歌。我毫无头绪,只能跟着音乐和投影屏上的字句哼唧几句。

一种汹涌的情绪突然涌了上来,我想起四个月前的今天,我还站在仪仗队里,和全校两千名师生站在大操场上唱着中国国歌,转眼间就要开始一段新的生活,转化到了一个截然不同的语系,以中国人的身份,站在美国同学中唱着属于他们的歌,用英语表示自己将会成为一名优秀的美国高中生。我将会承担起全新的义务，同时为两个国家服务。

America the beautiful
O beautiful for patriot dream
That sees beyond the years
Thine alabaster cities gleam
Undimmed by human tears
America America
God shed his grace on thee
And crown thy good with brotherhood
From sea to shining sea.

"美丽的爱国之梦，预见了此后的数年。

光洁雪白的城市之所以闪烁，是因人们的泪水而透亮。

美国啊，美国。上帝将他的优雅与恩惠全赐予了你。

然后，越过一片片闪耀的海洋，致此亲密的情谊为你加冕……"

我望了一眼所有中国同学，每个人的脸上除了庄严肃穆的同时，都带有对新一学年满怀憧憬的笑意。

我还看到了半小时前在礼堂偶遇的那个女孩儿，唯独她木讷地站在座位前，神情里透露出一种道不明的复杂。一个国际生，晚到宿舍，还忘了报到，一定是个有故事的女同学。

开学了（下）

我的目光离不开那个女孩儿。放眼望去，人群中的每个人都有属于自己的朋友圈。有的勾肩搭背谈笑风生，有的安静坐在一边窃窃私语，唯独这个女孩儿孤零零地站在那里，摆弄着自己的指甲，一直低着头弓着背，视线向下扫视。现在仔细一看，才发现她早已长发及腰，发梢越过了腰际线，披散在后背。

她，像是身体里住了一座城堡，城堡里面关了一只只有她才知晓的猛兽。

开学第一堂课正式开始。

教学楼里的路线迂回曲折，我误闯了好多个其他科目的教室，只能尴尬地一遍遍"Sorry"过去，绕了好一会儿才找到历史课教室。看了看时间，我居然已经迟到了整整八分钟！

透过门板上的那块玻璃可以看到，课堂似乎正进行得火热，老师还随机挑了几个同学起来回答问题。

我在门口迟迟不敢进去，还好看到了同在一节课的Jackson，也算是有了个伙伴，他也看到了教室门口的我。我实在是太胆小了，不断对他挤眉弄眼,暗示他能否进教室。

Jackson不断用唇语比画,让我立马进来,可是我厌到连门都不敢敲一下。他眼见我都快急哭了,干脆举手告诉老师Vivian不敢进教室。无语死了。

老师打开门,我一下愣在那里,故意耷拉个脑袋,憋出了一句"Sorry",这已经是我今天的第五句Sorry了。我"幽怨"地看向Jackson,他一脸嘚瑟,眼睛故意瞟向别处。

全班同学笑得前俯后仰,其中一个男生都嗨到拍手欢呼了,历史课活生生变成了小型歌友会现场。历史老师等大家安静下来后,才把我领到座位上。

"Hi, Vivian!"这个老师的声音非常浓厚而有磁性,"Happy belated history class!"因为我听不懂老师这句话的意思,所以丝毫没有get到任何笑点,但全班又沉浸在了一片笑语中。

"Sorry, I don't know what you mean."我说出了实话,坐我旁边那个胖胖的日本小哥表情夸张得差点没喷出口水,他本来眼睛就小,现在更是眯成了一条缝。幸亏他旁边坐着个小帅哥,向我抛了一个媚眼,缓解了一下这尴尬的气氛。

"You must've known what 'happy birthday' means.(你肯定知道生日快乐是什么意思。)"老师回答道,我点了点头,他继续解释,"Happy belated birthday means that somebody celebrates his late birthday.(这句话意思是迟到的生日快乐。)"

我还是一脸蒙圈。"So, happy belated history class.(所以,迟到的历史课快乐。)"我这才明白这句话的意思,这老师呀,真是正经的外表下藏着一颗闷骚的心。

第三章

老师采用了一个特殊的自我介绍方式,让大家把自己的信息用歌曲的形式唱出来,可惜我晚到,错过了全班的表演。

我平日里不太听英文歌,最钟爱华语乐坛抒情曲,只要是出了名的老歌,我都能原封不动地背出曲调。一共有五分钟准备时间,我选用了梁静茹《小手拉大手》的副歌部分,创造出了我的个人首发曲。

"The USA, I'm heading today. The Shanghai girl, Vivian here I am. I like to dance, and to sing, to write, and to paint. History is not my thing. (美国,我正在赶来。薇薇安这个上海女孩就在这里。我爱跳舞和唱歌,也爱写作和绘画。历史不是我的强项啦。)"

我说出了自己的真实想法,讨厌历史这门学科是事实。记得初中上历史课的时候,三天两头历史考试,每次都需要背一堆有的没的知识点,弄得我很是头疼,希望到美国能够脱离这方苦海。美国应该是个追求真实的国度,歌词最后一句话希望不会被老师说教。

我根据《小手拉大手》原曲改编歌词,站在讲台前唱了出来,台下同学欢呼雀跃,呼喊着我的名字,还有个女孩儿激动得从椅子上起身,大呼:"Good job! Vivian!"

"Vivian, you are really a good singer and composer."老师夸奖我是一个好歌手和作曲家。当时那个小激动啊,仿佛受到了神来的表扬。很多人夸赞过我的文笔,却从没有人夸过我是一个歌手或者作曲家。

后来发现,是我太天真了,同班的另外两个外国同学也被轮番夸了一遍。可能这就是美国老师的夸人方式,大家都习以为常了。

历史课基本没有讲很多课本内容,第一节课老师的重心都放在活跃气氛上。美术课倒是开始得很干脆,一开课大家就开始对着几张杂志海报拼拼剪剪。后来才知道这节课涵盖了绘画和劳技两个课题，不仅仅注重绘画，还注重对学生的多方面艺术培养。

激动人心的时刻到了，轮到期待已久的数学课，总算可以一睹这位男神老师的"芳容"了。刚走进教室，就看到Andrew老师站在讲台边摆弄着电脑键盘。

他一米九〇的身高在教室里特别醒目，足以一览众山小，把整个班级的情况观察得一清二楚。我和坐在我旁边的那个外国妹子都痴痴地望着他，直到他发现我们的小心思。

"Hey, he is so cute.（嘿，他真可爱。）"旁边的同学开始跟我夸起数学老师，我疯狂点头表示认同。班级里的同学都交头接耳，有几个妹子还对老师抛媚眼。有了这么帅的老师，以后我的数学应该会更上一层楼吧，不然都对不起老师的颜值。

"You sit in the first seat at the first roll, so you are the first one to introduce yourself.（你坐在第一排第一个，所以你第一个做自我介绍。）"数学老师突然点到我的名字，并示意我做自我介绍。

面对着这张冷峻又轮廓分明的帅脸，我颤颤巍巍地从座位上站起，脸瞬间涨得通红。想要将刚进宿舍时的自我介绍原封不动地搬出来说一遍，结果意外卡壳了。

"My name is Vivian. I'm 16. I'm from China, Shanghai. My passion is... Eh, eh, eh... painting, and writing, and eh, eh, eh, I love math.（我叫薇薇安。我今年16岁了。我来自中国上海。我喜欢……呃……呃……绘画和写作，还有……呃……呃……呃……我喜欢数学。）"最后还不忘点了点头，补充一个"嗯"。

第三章

我真是个虚伪的人啊,总是向颜值这个恶势力低头!大家读到这里应该很了解我了。我讨厌理科,并且很讨厌数学,不是一般的讨厌,而是非常的讨厌!秦小柔热爱数学,说出来连天王老子都不信。

不行,为了这个男神,我拼命也要把数学分数提上去。

开学第一天就这么云淡风轻地过去了。美国学习氛围本就和中国高中比不了,今天又是开学第一天,作业更是寥寥无几。说起我在国内的学习情况,可谓偏科到了极致。每次英语和语文作文都是班级甚至年级的范文,但数学和物理却被两位老师追着鼻子骂,一下课就得去办公室在老师监督下改错。

中小学学习也不是特别努力,勉强混个中游。既然到美国来上学,就一定要给我大中华长脸。我变成了全宿舍最用功的人,掏出历史书,拿出笔记本,将老师发在网上的预习作业认真地看了一遍,别人在宿舍外嬉戏玩耍,室友早已不见了踪影,我却闷在房间里独自苦读。

我学得那叫一个头昏眼花,不知不觉就到了饭点。我刚准备出宿舍去打饭,就听到室友和Sally一声尖叫,捧着一大个儿比萨饼跑进房间。此时的我别无所求,就谢天谢地这俩大姐,千万别吃得到处都是。

结果比我想象的要稍微好些,一进房门就闻到一股油香。我把自己床这边每个角落都排查了一遍,没有发现任何食物的痕迹,又看了一眼室友占据的那块地盘,半个大比萨饼原封不动地摊在书桌上。

反正也不是我书桌遭殃,管她出什么幺蛾子呢。再预习一会儿物理,熄灯睡觉。今天室友小妹很仁慈地关闭了她的印度神曲,我总算睡了个安稳觉。

我做了一个梦,我走到了一个粉红世界里。天空是水果冰沙,床是桂花糕，被子是烤绵白糖，下雨落下珍珠奶茶。我走到了一座煲仔饭堆砌而成的小山，Watson 学长居然在河对岸等着我，Mr. Andrew 摘下了一朵棉花糖塞进我嘴里。我使了个眼色，所有食物都自动投进我口中。突然，Watson 和 Andrew 把我推下山坡。

"男神们可别抛弃我啊！"我的内心呼喊着，"我的妈呀！""Oh my god！""巴嘎！"不知道哪来的三声巨响，我的美梦变成了噩梦。

我两眼惺忪地从梦里惊醒。闻声走向厕所，发现声源来自 Sherry，Sally 和日本小妞 Fiona。

"Vivian，我的天哪。"Sherry 一把抱住我，看向逐步涌向厕所的蚂蚁堆。

"我靠。"几百年不说脏话的我实在管不住自己的嘴，"这怎么回事？"我气得爆了粗口。

"嘘。"Sally 示意我小点声，Maria 还在睡觉。

难不成这是蚂蚁国的奥运会开幕式？

此刻我感觉有数以万计的蚂蚁排着整齐的方阵队，进行了一次空前的聚会，也不知从哪来的源头，一窝蜂涌向了厕所，完全偏离了原有的轨迹。

记得小时候《十万个为什么》里面提到：若屋内出现大量蚂蚁，且步行轨迹显著改变。它们拥有的感应器能感知二氧化碳和地球磁场变化，疑为 4.0 级以上大地震前兆。

想到这里我突然警觉起来。

我感觉周边磁场在变化，大地正在以地球人难以察觉的速度凹陷，一股洪荒之力从远处袭来。虽然得州远离断层，但记得来之前查足了各种资料，发现 2008 年有两次大地震袭击该州，导致多人丧命。

如果刚到新环境就遇到了不测，那我真是中头彩了。

第三章

"Oh my god, let's leave!"我心急火燎,眼泪糊满脸。

我脑中瞬间出现的全是临走那天家人送别的脸庞,还有大上海的每一寸景色,和我漫步过的每一个街角。我突然想到父母的发丝日益花白,每天顶着工作压力,还要在电话那头平复我的喜怒哀乐……

我见另外三个人笃定地观看这场大戏。床那头,室友还在呼呼大睡。再多的深仇大恨在生命面前都不值一提了。

我得先把她叫醒。还有Brown夫妇和女生宿舍的所有人,我都得一个个敲门,直到所有人安全撤离。

还有男生宿舍呢。Watson该怎么办?他可是舍长,要为男寝保驾护航。

学生群可算派上用场了。我鼓起勇气,找到了他备注中提供的手机号码,拨了出去。

电话很快就通了,传来一个满载睡意的"喂"。

我狂奔到宿舍旁的小花园,简单交代了下身份和情况之后,对着电话那头失态地喊道:"学长,可能马上就要地震了,我该怎么办啊?"我真是个操心的命,又提醒道,"我打电话来是想好心提醒,记得组织男生宿舍撤离啊!"

Watson学长倒是气定神闲,我隐约听到"哈哈"一声笑:"别急,美国有很完善的震感预测系统,如果真是地震,会通知所有人撤离。蚂蚁的话,你检查一下房间里开封过的食物。不会是地震。"

"好的好的,我知道了。"我有些焦虑地应答。

"嗯,别慌。有事找你们的宿舍长,她会负责。"Watson叮嘱。

挂上电话,我拿着手机,狂奔出卧室,敲响了Brown夫妇的房门。

惊喜or惊吓?

开学了（下）

咚咚咚——咚咚咚——

三声震耳欲聋的敲门声闹醒了深睡中的 Brown 夫妇。我看到 Brown 先生套上一件夹克走出房门，眯眼挪步客厅。

布朗夫人仍是半梦半醒状态，像梦游一样向我走来。

"Vivian, what's wrong?（怎么了吗?）" Brown 夫人还处于沉睡模式，面对风平浪静的室内，丝毫没有意识到任何异常。

"我们房间大量蚂蚁入侵，导致厕所虫蚁泛滥，可能会导致下水道水泄不通，可能还会引发地震。"我着急地和她大致解释了一下情况，"如果说想要学校注意到宿舍近况，那一定要扩大局面。"

"你带我去你们宿舍看看。" Brown 夫人平静地说道，并没有表现出着急的模样。

我以为 Brown 夫人一定会对这件事尤为在意，谁知我急得犹如热锅上的蚂蚁，她却以龟速跟在我身后。

到了宿舍，我指着快遍布三分之一厕所的蚂蚁，还有那条整齐划一的方阵队，露出极为惊恐的表情。

"这地方可能要地震了，不怕一万，只怕万一，我们必须火速撤离。"

"Oh my lord!" Brown 夫人指着 Maria 的书桌。

Sally, Sherry, Fiona 和我一起望向了那大半个比萨饼。比萨饼上蚂蚁泛滥成灾，那景象令人看了头皮发麻，Fiona 直接躲在墙角干呕起来，Sherry 如同华妃转世般翻了个白眼，Sally 吃惊得瞪大了那两只幽蓝的卡姿兰大眼。

那是昨天 Maria 和 Sally 吃剩的比萨饼！犹记得 Anna 学姐开学典礼时给我的忠告：得州气候分明，夏季同样湿润多虫，尤其要注意蚂蚁和小壁虎出没，别往房间里放开过封的食物，不然整个室内就会变花鸟市场。

第三章

我不自觉地将昨晚室友在桌子上放的比萨饼和蚂蚁联系在一起。

根本不是什么地震！比萨饼盒内堆满了成群的蚂蚁，一步步耐心地吞噬着这份庞大的饕餮盛宴。比萨饼的轮廓呈现出锯齿状，半个饼底依旧纹丝未动，而顶层的香肠和芝士被消灭得一干二净。我感叹蚂蚁泛滥成灾的同时，也不得不感叹这群小家伙超凡的合作能力。民以食为天，昆虫亦是如此。

"这不是地震，是你们吃剩的比萨饼引来了蚂蚁。"Brown 夫人也看出了问题所在。

作为事件的始作俑者之一，Sally 假装漫不经心地转移视线，试图逃避事实真相。眼看零星几只蚂蚁爬到了室友的床上，逐步蔓延到她枕头旁边，我二话不说把 Maria 摇醒。

"Maria，快醒醒！"

"别吵……"

她还在床上沉睡，蓬松的发型已经在枕头上炸开了花，除此之外，还时不时蹦出几句梦话，想必是沉浸在公主与王子的美好梦境中吧。此刻，她内心一定在独白：让本公主再睡一会儿，不然我让你今后的同居生活更不好过。

"快醒醒，别睡啦！"

最终，我摇醒了 Maria 同学。

"谁啊！烦死了！"她一骨碌从床上坐了起来，被人打扰了美梦，她的口气非常不高兴。

"你看看，吃剩下的比萨饼，引来了多少蚂蚁！"为了能让她更直观地了解在室内作妖对整个宿舍的毁灭性，我握住比萨饼盒的另一头，拖到她面前，试图让她近距离看到她的杰作。我心想，只有让她意识到问题的严重性,她才会下决心悔改。

人算不如天算,眼前这个任蛀虫蹂躏的食物,居然沿着桌边滑到了她床上,还有少部分面糊粘上了她的枕套。蚂蚁兄弟们也不甘示弱,滚上了她的床单。

场面顿时僵住了,我的小心脏紧绷着,俗话说,彪悍的人生不需要解释,每天都是现场直播。另外三个同学惊讶得目瞪口呆,我脑中飘过了五百个最坏的结果,辱骂和吃耳光是我能预料的最好的结局了。

妹妹,你尽管来骂我吧,尽管来打我吧,只要我们以后还能同居!

"Oh my god! 这是什么情况!"

Maria 安静地坐在原地,虽然面不改色,但是透亮的眼睛里流下了两行泪。她的双唇在发颤,就连鼻尖都在微微发抖,整个面容由惊吓变为了扭曲,看得出她不敢相信眼前发生的一幕。数不胜数的蚂蚁从比萨饼上涌向了她的床铺,继而向床的各个方向扩散。昆虫是每个女孩的噩梦,她好像一下子意识到发生了什么,快速地一掀被子就跳下了床,眼神直勾勾锁住我。

我只能连连解释自己并非故意所为:"Maria, I am so so so sorry. I didn't do it...(对不起,我没有这样做。)"我想说的是"I didn't do it on purpose(我不是故意这么做)",却一紧张只说了半句。

这下更完蛋了,Maria 反倒认为我是死不认账。

"SHUT! UP!" Maria 一声怒吼,包括 Brown 夫妇和我们四位女生在内的所有人都后退了半步。

她是真生气了。

"Oh my holy moly guacamole! Vivian!(美国俚语=哦我的天哪!)" Brown 夫人也受到了五万点暴击。

第三章

"Everybody, listen, get out of the room!"（大家听着，走出房间！）她喝令我们所有人离开房间。

"这些蚂蚁怎么办？"Sally 问。

"我会安排除虫大队杀死这些小祸害们。"Brown 夫人的话也算是给大家吃了颗定心丸。

我那一天的课都上得胆战心惊，满眼都浮现着 Maria 怒火中烧的模样。

我想过最坏的结果：Maria 将食物放到了我的床上，导致我这里蚂蚁成灾。这些后果都在我的接受范围之内。毕竟是自己犯的错，任何结果我都全然接受。

我想着想着就晃了神，哪怕是我最爱的数学课都心不在焉。别人都欢快地伴随着下课铃声蹦跶回宿舍，唯独我如同开学典礼上的那个陌生女孩儿一样，耷拉着脑袋瓜子，走在郁郁葱葱的树林中，感觉周围的每寸植被都垂下了叶瓣，花朵也都不再娇媚。整片树林也就只有我一个人，我特地绕了一个圈儿，离宿舍还有一小段路，我可以趁此思考一下，待会儿该如何面对室友。

我终于走出了树林，宿舍近在眼前。

忽然，有人拍了拍我的肩膀。难不成是室友来找我进行森林深处的灵魂大拷问？小柔同学，你想清楚了吗，想清楚之后，请对她致以最真诚的道歉。

我脱口而出一句："Maria, I really feel so sor... ry..."

咦？一天不见，我的室友怎么长胖了那么多？转头定睛一看，Ross 女士出现在我面前。她那件粉色针织上衣在灌木丛旁显得格外跳脱，她表情凝重，感觉知晓的远远超出了真相。难不成是室友栽赃陷害，故意夸大事实真相吗！我确实大错特错，可我完全无意呀。

她一声响亮的咳嗽，接着说道："Vivian, I have to talk to you."（我要和你谈谈。）

我内心一个激灵，一个宿管，想要找学生谈话，还特地针对某一个人进行半路拦截。完蛋了，我这回可闯大祸了。

现在有两种可能，如果室友夸大其词，那么我还有机会挽回，还有Sherry, Sally和Fiona当目击证人。另外一种可能，我这个无意的举动触犯了某一条校规，我即将接受处分。只求老天能饶俺一命。

"Don't worry. You are not in trouble.（不要担心，你没闯祸。）"这是她的第二句话。

"We had a meeting with Maria and her parents in the morning.（我们今早和玛丽亚以及她父母一起开了个会。）So, Maria decides to leave.（所以，玛丽亚打算离开了。）"

"What?"我有失礼貌，却又情不自禁地冒出这个疑问。这句话我没理解错的话，应该是，Maria就这么离开这里了。

"I don't think so.（我不这么认为。）"我又补充了一句，加固自己对于这件事的否定看法。室友妹妹前天还乐呵着啃比萨，昨天也都按时起床去上学，今天怎么说走就走了呢。

Ross女士叹了口气："What do you mean that you don't think so?（什么叫作你不这么认为？）"

我无力吐槽，只好接着解释："早上发生的事是我的错。我还准备找个时间和Maria谈谈，因Brown夫人答应会叫除虫专业团队消灭蚂蚁，换新床单，应该不足以影响到室友的心情，我丝毫不能理解为了这么一件事她就要

第三章

离开学校。"

"Kiddo, not everything is as simple as what you see. People may have the struggle that you don't even know of."（孩子，不是每件事都像你看到的那么简单。人有时可能会在你不知道的方面挣扎。）

"Maria decides to leave our school."（嗯，她要离开这个学校了。）

这句话让我茅塞顿开：Not everything is as simple as you see. 确实，不是每件事都如我们所见的那么简单。

是人都明知半夜播放嗨歌劲曲会影响睡眠，可室友屡教不改；忘记收拾自己的残羹剩饭；头发堵塞下水道；不知如何向别人道歉……"年幼"两个字已不足以概括她的行为。凡人在世，他人的挣扎，我们无从知晓。

我开始同情起这个小妹妹了，她可能也在努力，但始终无法适应这个大环境，尤其与性格鲜明的我共处，所以离开是最好的选择。

我和Ross女士边聊天，边走向宿舍。

"Maria是否因早上的事怪罪了我？"

"我是从Brown夫妇那里得知整件事的经过的。Maria承认了自己的错误，对你早上的举动却只字未提。"Ross女士看着我，"Maria说，Vivian是个很有责任心的女孩儿，只是我不具备和她一样的责任心，及与人共处的能力。"

我听到这番话，内心五味杂陈，我本以为她永远活在自己的世界里，从来不会关心他人、了解他人，没想到她只是不善于表达而已。

我们走到宿舍门口，遇到了Maria的父母。

一辆商务车的后备厢敞开着，里面摆了两三个大箱子。我推开房门，就如同置身于两个世界的交界处。房间内，属于我的那块区域纹丝未动，挂着琳琅满目的衣物和装饰品，而室友那边唯有一个行李箱躺在地上。

Maria 将最后一条裙子叠好，放进箱子里，拉上了拉链。

我突然意识到她真的要离开了，我愣在原地，这段时间相处的一切突然涌上了脑海。

她捧着一条崭新的裙子，走到我面前，从透明的包装里可以看出，这是一条波西米亚风的裙褂。

"This is for you.（这是给你的。）"她微笑着看向我，"Haha, too small for me, but I bet it will fit you better."她还不忘玩笑着说自己穿太小了，送我更合适。

我张了张嘴，千言万语只说了一句："谢谢。"

她伸出手拥抱了我。

一个大大的拥抱足以击灭所有曾经的不悦。

这是我在美国，第一次感受到的离别。

我的鼻头发酸，眼泪在眼眶里不停打转，却始终没有让它流下来。我突然想起我看过的一部印度电影影评中的一句话：真正的信仰是包容，是善意，是大爱。而此时，这位14岁的美丽的印度女孩她做到了。过往的与她有关的所有记忆都变得无比美好。我禁不住用力抱紧了她。

"Bye, Vivian."

"Bye, Maria."

妹妹，相信在未来的某一天，我们一定会再次相见。

第四章

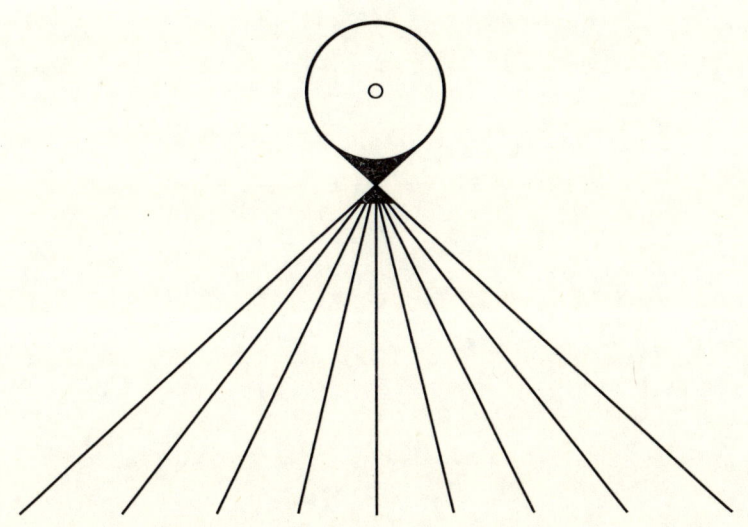

蓝颜红颜

邂逅（上）

Maria 乘坐的那辆车愈行愈远，最后消失在宿舍旁的公路上。临行前她摇下了车窗，向我挥了挥手，透过口型可以看出她对我说了句"See you"，我也挥了挥手，泪水夺眶而出。

与 Maria 的故事可谓多折多舛。来到新地方，第一次哭是因为她，最近的一次哭也是因为她。

我本该为她的离开感到开心，以前盼天盼地希望能够换一个室友。现在她的离开反而让我感到了寂寞。

室友不在的这些日子里，我过得倒也舒坦，成为整个寝室唯一霸占两张床的主儿。不知道的新生来访校，估计会以为我家里有矿，学校才会给我独立间。

正巧开学去购物的时候多买了一套床单，现在终于有了用武之地。

我精心布置了一下那张床，将它改造成了一个小沙发。上面摆满了我收集的各式靠垫，也堆满了很多自己的杂物。晚上再也没有人吵我睡觉了，没有人会跟我吵架了。这么多天过去了，我居然有点想念她了，没有吵架的日子反而有了无生趣，居然还希望她能够回来，陪我一起度过这一年。

第四章

现在是周六早上 6 点半，一缕阳光照进了屋内，我整装待发，准备去晨跑。

这还是我第一次来到学校的操场，即使我们学校算是得州所有高中里占地面积较小的一所，还是有足够的观众席和空间。

操场一圈是 400 米，大概跑个四五圈就能完成目标。偌大的操场内，只有两个同学在跑步。我将水壶放在一张木椅上，便开始了自己的健康之行。

太阳刚刚探出一个头，散发出微热笼罩着大地，白云就像是几片软糯的棉絮，给这片蓝天点缀上了小美好。我带着满腔的好心情，放下水壶和毛巾，就开始一步步跑了起来，跑了两步，我看到了两个熟悉的身影，仔细看过去发现另外两个正在跑步的同学是 Watson 和开学典礼那天吸引我的特别女孩儿。

Watson 的在场更能督促我奋勇向前了！就算是自己完全没有体育细胞，也不能在男神面前丢脸。

暖阳洒在肩膀上，汗水慢慢沁出皮囊，耳机里播放的是梁静茹和田馥甄的歌曲。别人运动喜欢听快节奏的欧美流行歌，而我却钟爱舒缓的曲调。唯有安静抒情的歌曲才能浇灭心中的浮躁，唤醒那只沉睡许久的困兽，重新以别样的方式激起沸腾热血。

"哎，这么巧，你也在。" Watson 学长看到我，跑到了我身旁。

我转过头，迎上 Watson 那张阳光干净的脸庞，汗珠从他的额头滑落到了下颚，他身上的那件白色背心已被汗水浸透，此时的他就像日本漫画里走出来的人物。别看他看似相貌清秀还带着一丝文弱气，雕塑一样的脸只有巴掌大小，但他臂膀上的肌肉线条清晰可见，身材管理也丝毫不含糊。

刚刚只专注于跑步，现在才发现他绑了一个运动发带，将浓密的刘海隔绝于额头前。我好想帮他拨开那几根挡住眼睛的碎发,却又害羞得不敢直视他的双眼。

"嗨,你好呀。"我摘下了耳机,抬起头看了他一眼,又小心翼翼地收回了眼神,看向了前方,生怕我的表情会不争气地流露出荡漾着的少女心。

花痴犯完后,我继续打探情况道:"你是每天都来这里跑步吗?"

"嗯,每天早上上课前都会来跑,持续三年了。"他微笑着回答我。

"三年,这是要有多大的毅力才能三年如一日坚持下去这个习惯啊。"我对Watson学长的崇拜油然而生。

"习惯嘛慢慢养就形成了。"Watson永远那么谦虚。

我看着远处独自奔跑的女孩儿,她在操场的另一头跑着,我现在对她更加好奇了,这个迟到了整整三天进宿舍的女孩儿,到底是个什么存在?

"那个女生是……每天早上都来跑步吗?"我好奇地问。

"基本上吧。"Watson拿起左侧肩膀上的毛巾,擦了擦头上的汗珠,"她叫Cecilia,和我还有Anna一个年级,性格内向,平时不怎么和大家交流。"

"这样啊。"

"对了,上次你说地震的事情后来怎么处理了?"Watson询问起上次我给他打电话说地震的事情,我又想起了那个由蚂蚁引发的乌龙事件。

"这是一场误会啦,其实是有人在宿舍吃了比萨引来的蚂蚁,不是地震。"我和他尴尬地解释。

想起那天实在是太丢脸了,我恨不得挖一个地洞钻下去。大半夜打扰到别人休息不说,还卖了一次蠢。俗话说,无知者无畏,我的形象估计在他心中减了好几分吧。

"原来是蚂蚁啊!"他被这件事逗乐了,外表冷若冰霜、难以接近的他,

第四章

露出一个暖暖的笑容,"我就说吧,不会有事。"

"Watson!"远处传来一个女声。

我抬头一看,Anna学姐在远处呼喊着Watson的名字,她也穿着一身运动装,看样子也要准备加入晨跑阵容。

Anna几个箭步就靠近了Watson。

"Hi,Vivian。"她看到我开心地和我打招呼。

"Hi。"我打量着她,她身着一条运动短裤,露出了两条白花花的大长腿,即使是素颜,也是肤白貌美有光彩。她绑了一根高马尾,我盘了一个小丸子头;前凸后翘的她穿了一件紧身吊带,平平无奇的我穿了oversize上衣;对比起我脸上冒出的两颗青春痘,她的脸就是刚剥了壳的鸡蛋,光滑细嫩。可能有些人就是天生仙女转世,论身材,她更胜一筹,论体力,我也比不过人家。

我突然有点沮丧,知趣地离开了,继续一个人跑着。

三圈小跑过后,我已经累得喘不过气来,操场上的另外三个人仍旧气定神闲,我给自己定下一个小目标,追上前方的Cecilia。

我拼命追啊追,Cecilia的步伐也慢了下来。我暗自窃喜:可能她也跑累了,正要停下散散步却发现她有些不对劲。

她原先在变速跑,从一开始百米冲刺般的速度,慢慢变成一路小跑,速度又慢了下来,开始漫步。

我看到她面色变得苍白,嘴唇也呈现出了黑紫色,忽然停在操场中央,整个人僵成了一根木棍,嘴唇有轻微的抽搐。

我意识到了事情的不对劲,赶忙上前询问:"学姐,你没事吧?"

话罢,还没等我反应过来,她已经完全失去了控制力,身体都重重地向后倒去。

操场虽然是橡胶地面,但是如果真的砸下去可能会导致骨裂和脑震荡。

我下意识扶住了Cecilia的脑袋,想要减少她的危险,可是她的头太沉了,我的手随着她的身体和脑袋一起重重地砸在了地上。

一阵钻心的疼痛涌了上来,可是我的手却坚持没有移动半分。

"怎么了?"Watson和Anna学姐看到这一幕赶紧围了过来。

"她,她,突然、突然就晕倒了。"我第一次遇到这样的紧急情况,不知所措,竟然结巴起来,慌忙寻找帮助。

"快!送去医务室。"我脱口而出后才想起来现在是周末,护士不在学校。

"今天是周末,医务室没人。"Watson皱着眉说道,"Vivian,你先拨911,Anna过来帮我把人背到宿舍去。"

"不行,她的病这个时候不能背。"Anna学姐突然说道。看来她对Cecilia的身体状况比较了解。

"先把她放下平躺,让她的头部后仰保持气道通畅。"Anna学姐直接坐在地上,把Cecilia的头托住,"Vivian你先打911"。

我鼓起勇气拨打了911,电话里传来一个成熟的专线调度员女声。我听了将近三分钟的音乐,接通过程中的每一秒都紧扣我的心弦。要知道,这本该是争分夺秒救人性命的时刻,若是拖延一秒,便少了一秒的机会。正当我绝望快到挂机时,平台才派来一个女调度员与我连线。为了方便起见,我本想切换中文接线,但转线转来转去时间就要来不及了,我只能在这临危时刻保持冷静。现在的我一头雾水,根本不知道Cecilia身上发生了什么,是中暑导致的休克,还是空腹运动导致的低血糖?

第四章

"她是什么病?"我只能转头求助Anna学姐。

"她是先天性心脏病。"

我才得知Cecilia有先天性心脏病,英语学名叫作heart attack。

"Somebody has heart attack, and she... fell on the ground when running.(有人有心脏病,她跑步的时候摔地上了。)"我在一旁慌成狗,关键时刻派不上一点用场,还说出了学姐fell on the ground(掉在地上)这样的胡言乱语,要是被其他同学听到了可能会成为我近几年的笑柄。

Watson向Anna使了一个眼神,Anna示意我帮忙扶一下Cecilia,接过了我手里的电话,开始了殿堂级的播报示范:"Ambulance please. Someone fainted because of heart attack. The address is: ×××...Come as quickly as possible.(请呼叫救护车。有人因为心脏病晕倒了。地址是:×××。尽快。)" 用词简洁明了,她一句话就清晰地向911解释了事发地点和人物,也告诫了警方她的晕倒是心脏病所致,以便急救人员派出人手,在必要时刻为她做心脏复苏。

望着从容冷静的Anna,我真希望自己有一天能够像她一样做一个处事不惊的大家闺秀。

"Vivian,你去通知Ross女士,我们在这边照看Cecilia。"Watson对我说。

"好的,我马上就去。"我飞奔着往宿舍跑去。

跟Ross女士叙述完情况之后,她和我一起匆忙赶到操场。在Ross女士的叙述下我们才得知,这样的情况在Cecilia身上每过几周就会出现一次,需要及时做人工呼吸。

大家都把目光投向了Watson,就连Ross女士都知道他有这个本事。

Watson虽然迟疑了一下,但是人命关天,也没办法推辞。

救护车很快就到了。一辆白色卡车停在路边,几个医护人员下车,将

Cecilia 抬上车。随后，Ross 女士也上了车，让我们仨 take it easy。

"Who want to go with me?" 她看了一圈我们所有人，准备找两个人陪同 Cecilia。

关键时刻，Ross 女士看向了 Anna，似乎更想让作为学生领袖的她，陪伴 Cecilia 入院。

"我下午还要参加 School Leaders Conference（学生领袖大会）。"Anna 面露难色。

这个活动确实是一个能认识好多上流社会精英的好机会，除此之外，好多名牌大学的招生官和得州州长还会前来演讲。同学们只要填写意愿单，符合要求的就能参加。我、Anna 和 Watson 都得到了这个活动名额，我特别能理解她的心情，这是一个对升学和人际交往千载难逢的好机会，去了之后肯定会让一个人终身受益。

如果我参加了这个活动，某个招生官或许会看重我，并透露我一些名校入学捷径。

"我去吧。"我纠结了一会儿，最终在利益和责任之间选择了责任。

"我去吧。"与此同时，Watson 和我做出了同一个选择。

没想到我们竟然有这样的默契，与此同时，我们都看了对方一眼，为彼此的默契投去了一个眼神。

我们都放弃了那个大好的机会，陪同 Cecilia 前往医院。

美国的救护车无论内在和外在都很豪华，里面的设备应有尽有，就像一辆房车，旁边还有座椅供探访者就座。记得很久前听到一个梗，说一个留学生因低血糖晕倒在地上，晕之前的最后一句话就是"别叫救护车"。美国的救护车确实金额昂贵，而且不纳入医保。Cecilia 是个例外，她的先天性病症

第四章

使得平日里的紧急呼救都归为医保范围。

到了医院的急诊室，医生把 Cecilia 安顿到一个很大的病房里。房间干净整洁，还配有一个独立的浴室。我灵光一闪，甚至想试试在这舒服的地儿住上几晚。

Ross 女士出去接了个电话，留下插着鼻管的 Cecilia、我和 Watson 在病房里。

医生确定 Cecilia 只是简单的心脏病突发，并无大碍。

她闭着眼睛，也不知意识是否清醒。

邂逅（下）

美国的医疗保障稳居世界前列，所以政府最看重医院里的设施。病房被收拾得干净利索。病房的这一边，靠床的位置上方挂着一幅油画，画上是一片绿茵茵的大草地，草地中央有条小溪，一个女孩的背影出现在小溪旁，她正看向前方的麦田。

病房的另一边，刺鼻的消毒水味儿扑面而来，伴随而来的是一股阴冷的风，无端的恐惧在我的心头油然而生。即使病人没有大碍，我也沉浸于周边的凝重氛围。

我看了看坐在我面前的Watson，慌张的心情放松了不少。

有他在真好，我的恐慌都减了一半。

病床右侧有一个饮水机，我想给Watson和自己倒两杯水，也给昏睡中的Cecilia准备一杯，希望她醒来之后可以立马喝到。

我拿起纸杯，习惯性地先在杯里灌入一些开水，谁料到自己手笨，热水烫到了我的手，本就破了皮的手心现在更是雪上加霜。纸杯从我手中滑了下来，半杯水都洒在了地下，我发出了一声惨叫。

Watson看到了这一幕，赶忙走过来。

第四章

"你的手怎么了？"

"哦，没事啦，就是她摔倒的时候我托住她的头，磨破点皮。"我一边说，一边用病房里的棉花清理瘀血，并不觉得这是什么大事。

"看上去有点严重，找护士处理一下吧？"Watson又看了我一眼，嘴角微微上扬。他似乎想伸出手帮我清理伤口，但可能又觉得不妥，把手抽了回去。

"不用了，一点小伤。"我不想表现出很娇气的样子。

"你比我想象中勇敢。"他看着我的手，像是表扬，"别的女孩子受这样的伤早哭了，你还能忍这么久。"

"你想象中我是什么样子的？"我突然有些好奇他是怎么看我的。

"你猜？"他神秘地笑笑，并没有直接回答我这个问题，反而是把问题抛给了我。

他这样一个反问倒是把我难住了。

Cecilia还在熟睡之中，场面一度有一些尴尬，我需要与他找别的话题聊聊。聊些什么好呢？不懂装懂扯宏观经济学，我的知识面不及他的十万分之一。聊学习，有些生硬；聊感情，太随便；聊八卦，不感兴趣。凭Watson的高冷性格，一定不会先开启话题，只能由我来担当这个重任。

"那……"我才说了一个字，他就把我的话打断了。

"输液快输完了，我在这儿看着，Vivian，你叫下护士吧。"

"哦……"

我只能把刚刚谋划好的话题抛之脑后，起身去叫护士。

"记得把自己的伤也找护士处理一下。"他在我出门前又叮嘱了一下。那口吻像是在关心我。

简单处理好伤口,我和护士回到病房。

"Everything is fine."护士检查完Cecilia说一切顺利。

我们也舒了一口气。

Cecilia恢复了意识,睁开了双眼。

她朝我和Watson微笑了一下,轻声说了句"谢谢"。

"你先别说话了,先休息吧。"Watson贴心地叮嘱。

可能是因为治疗心脏病的溴苄胺药物后劲有点大,有轻微的嗜睡作用,她说完这句话没多久又睡着了。

安顿好Cecilia,得知她还需要住院几天以便观察,我和Watson才放心地离开医院。

"终于没事了。"出了病房,刚刚所有的紧张和着急在此刻终于可以放下来,心里突然变得很轻松。

"你今天真的很厉害啊。"Watson说道。

"哪有厉害啊,我今天手忙脚乱的,整个人紧张得不行,连打911电话内容都说错了。"我对他的表扬受之有愧。

"要不是你及时托住Cecilia的头给了她一个缓冲,她说不定现在就惨了。"Watson突然夸我,我有点不好意思,今天我是本能地托住了Cecilia的头,可是后面的事情都是他和Anna学姐帮的忙,如果没有他们,我自己根本搞不定这个突发状况。

在医院门口,我们拦了一辆出租车,此刻我多希望老天能赏脸让他主动和我一起坐后排,可惜他还是抱着一贯的绅士风度,坐在了前面。

我坐在车子后座,虽然只能看到Watson的后脑勺,却莫名地让我心安。

要不是今天有他,我可能会感到孤单和害怕。面对医院里那个未知的情

第四章

况，我还是心生惧怕，我害怕一个人面对可能发生的事情。

出租车里很寂静，两个人独处的时光总是让我安心又局促。

对他狂热的崇拜让我想要了解他，想要知道关于他的一切，想要一层层看到他心中的那个小世界，或许藏着一个精灵，或许藏着一个小孩，或许还藏着一颗闷骚的心。

有句话说得好，好看的皮囊很少，有趣的灵魂也很少。我们宿舍的女生似乎都对Watson不够了解，可能足够了解之后，会发现除了外貌和学习能力之外的更多闪光之处。

他并不像是一个善于活跃气氛的人，所以第一个话题必须由我开头。

我突然想到了前几天在朋友圈里看到的一个笑话，打算讲给他听。我假装刷手机的样子，翻出了那条状态。

我马上就要施展我"上海戏精学院"的演技了！第一步，展现浮夸。我对着手机发出了银铃般的笑声，这一步的作用是吸引对方注意，为下一步做铺垫。第二步，当对方视线注意到你时，要抛梗引出话题。

"哈哈哈，笑死我了！"秦小柔的戏精本体已上线。

"什么啊？"Watson转头问道。

"刚才一个男生和我聊天，他说他想找一个又漂亮，又不会老，又聪明，又会做家务的女朋友。然后我就说，漂亮的是刘亦菲，不会老的是樱桃小丸子，知书达理的是你老师，会做家务的是你妈。所以我断定你想找的不是女朋友，而是一个长得像刘亦菲的你妈在一边陪你看书一边在厨房煮樱桃小丸子。"

"呵，直男癌吧。"Watson偏过头微微一笑，嘴巴轻轻向右一撇。他每次的笑容都是那么恰到好处而不失风度，也不会说任何多余的话，都是报以一个不露齿的微笑,实在难以在他淡定的面容上看到一丝一毫多余的表情。

就连Cecilia突发心脏病,他也用行动证明了什么叫作责任意识。

"现在的人,真看不懂。"他紧接着又说了一句,无奈地摇了摇头。

我一眼相中的男生,一定不差。

车子开到学校,我们两个一起下车,要在这里分道扬镳,回各自的寝室。

"谢谢今天,你在。"分别前,我突然脱口而出。

噗,我在说些什么?他在的目的又不是陪我,我为什么要谢他。

"为什么要谢我?"他果然这么说。

"因为……嗯……原本我会害怕。"

可是因为有你在,我没那么害怕了。这句话我只在心里默默地说。

时光在这里静默,周遭的一切仿佛都停止了。

"嗯,你也辛苦了。"半晌过后,他有些前言不搭后语地说了一句,看了一眼我的手,"手伤最近要注意,尽量少碰水"。他关心的话语依旧那么温柔。

"会的。"我的伤口已经止住了血,但还是有摩擦之后蹭破皮的痕迹,不过此刻我根本感觉不到手部的疼痛,脑中出现的都是Watson关心的话,像是温柔的风轻轻地吹拂过我的心。

"我走了,下次见。"

"下次见。"

我们两个人在这里分别,我的心里竟然有一丝小小的失落。

我望着他离开的背影,挺拔修长的身姿一点点地缩小,最后渐渐从我眼前消失。

第四章

可能这是我高中生涯里唯一一次和这位传奇学长独处的机会了，这次的道别，不知下次何时还会再有这样的契机。

错过了领袖大会，有些小遗憾，我进屋收拾了下东西，跟着大家一起去购物。

已经好久没购物了！（其实上次购物是三天前）听 Watson 室友说他一上午都不在学校，现在正在预习新一章的 AP 统计学。好像只有我、Ross 女士和 Anna 知道上午发生的事。听 Ross 女士说这个学校知道 Cecilia 病情的人并不多，离开医院时，她特意叮嘱我不要将她的心脏病史告诉任何人，怕有人嚼舌根。

这不，一扭头就被 Alice 逮了个正着："刚看到你和 Watson 一起坐车回来啦？"她八卦地凑上来一探究竟。

由于和 Ross 女士的口头保密协议，我不能说出事件原委。

"我和 Watson 早上受宿舍长委托去一起拿了件东西，等了好久才等到原件。"我开始编理由搪塞她。

"去拿什么东西呀？"Cindy 眨巴着眼睛说。

"对啊，什么东西要等这么久？"Sherry 也过来凑热闹。

这个问题真是难住我了，我想随便打发几句，可是她们仨在一旁开始逐个起哄。

"Vivian 啊，你和学长有情况哦！"

"Vivian，你们到底去干吗了啊？"

"Vivian，你是怎么认识 Watson 学长的啊？"

"行啦！"我一声怒吼，"啥都没有！就是去拿东西了！"

她们三个被我这一声怒吼吓到立刻噤声。

邂逅（下）

世界终于清净了。

下车到达目的地,整个车厢的人像是脱缰的野马,飞奔进露天商场里。

久违的zara啊,都过一周了,你咋还没上新；forever 21干脆改名成forever仿制品好了；那双椰子鞋虽然我买不起,但是能让我一饱眼福；还有那种圣罗兰302色号,老板补货了吗。带着这些疑问,我冲进了离自己最近的丝芙兰店,先是一顿买买买,热情的营业员小姐姐还不停给我试色,两支ysl斩男色口红,最新流行的蜜桃盘眼影,倩碧的黄油瓶,都被我一网打尽。扫荡过化妆品店,我又转战PINK,学着Anna的穿衣风格,买了三件运动吊带,Abercombie & Fitch买了一条短裙,最后留一个Auntie Anne's的pretzel（纽结饼）犒劳自己。

美国的商场要比中国的商店大很多。得州地广人稀,每家服装店都占有很大的空间,只是星巴克永远人满为患。

购物时间结束后,同学们都上了车,我也回到了大巴上。

本地同学手里拿着的是在快餐店买的炸鸡和零食,而我们中国学生,要么买了一双潮鞋,要么就是和我一样大包小包的,着实让外国人受到了惊吓。开车送我们去购物的Cathy老师清点完了人数,对着车厢喊道:"Does anyone see Sherry?（有人见到Sherry吗？）"

说来也怪,刚刚独自购物的时候,几乎碰到了所有女生,就是没看到Sherry。

这时,她出现在了车厢外,敲了敲车窗,随后拎着好多纸袋子进了车厢。

我原以为自己已经是个购物狂了,没想到她更能买,而且买的东西都是些轻奢品牌,铁定是个富二代。

第四章

"要不要我来帮你拎呀？"Cindy摘下眼镜交到我手上，对Sherry露出非同寻常的热情。

"嗯……谢谢你……"Sherry虽然有点不情愿，手里的五个袋子还是转交到了Cindy手上。

Jackson也看呆了，细长的眼睛瞪得老大，"朋友，你这是在做批发呢？"

"什么批发？你会不会说话。"Sherry听到这句话不开心地提高了音调。

Sherry的异样让我觉得很奇怪，购物狂宗旨应该是买了就开心，可Sherry却因为他一句那么轻描淡写的玩笑急红了眼，"什么叫我在做批发？买东西而已，乱说有意思吗？"

"我错了，我错了……是我说错话，你别生气啦……"Jackson只好一口一个"大姐"地道歉。

今天算是见识到Sherry的暴脾气了，下车后，Cindy还是殷勤地帮她提袋子。

"哇，这眼影太漂亮了吧。"Cindy从袋子口拿出一盘眼影，对着它赞叹不已。

"Vivian，Alice，还是你们帮我提一下吧。"Sherry连头都不回地说道，"Cindy你就别提了吧。"

"为什么我不能提？为什么？为什么？"这下Cindy可想不通了，明明是自己好心，却被当成了驴肝肺。

Cindy气得都快急红了眼。一个平日里乖巧、理智的学霸现在居然快哭红了鼻子，这种反差让人一头雾水的同时，还有些忍俊不禁。

Sherry并没有理睬气得直跺脚的她，留下她一个人在原地，默默将袋子交给了我和Alice。

我们面面相觑，拎着大包小包的贵重物品进了Sherry房间。

"Vivian，我有点蒙。"Alice看着琳琅满目的奢侈品说道。

"我也有点。"这么多奢侈品谁看了都会蒙吧。

"虽然都不是我的，但我感觉现在的我是一张会呼吸的人民币。"

"不，我们是会呼吸的苦力。"我笑着回复。

"苦力本来就会呼吸好吗？"

Sherry啊，真羡慕你。等我有钱了，我要一次性清空丝芙兰专柜！

秘密之购物风波（上）

一直都看不出来，Sherry 居然是个潜在土豪。

她日常的穿衣打扮也是最普通的款式，平时难得逃出学校去吃个饭，我们都到附近唯一的韩餐厅大快朵颐，而她都是吃快餐果腹。

可能富二代家的孩子，父母从小都教导要学会不露富吧。

今天真是惊喜和惊吓交集的一天，下午不仅因为一次购物得知室友的土豪身份，还收获了几支我最心爱的化妆品。

斩获新品回来的第一件事就是试用，我最先试了在 PINK 店买的那几件运动背心，这吊带品相还真不差，我穿上之后还颇有 Anna 学姐的几分神韵。以后晨跑就靠它了。说到日常穿着，可爱肯定也要与性感并存嘛。再去隔壁房间串串门，Sherry 就傻坐在一张椅子上，清点她购得的十几支口红。

Cindy 就像是一只好奇的小猫，连续好几次跑来 Sherry 房间东瞅瞅西望望，目光还一直挪不开那三个角落里的包包。

"你这个包包做工实在是太精致了，我也想要，可是妈妈不给买。"Cindy 看着 Sherry 的包感叹地说。

她的好奇心确实让 Sherry 有点不耐烦了，赶着她走，"行行行，好看好看，你一边看去。"Cindy 只好悻悻地离开房间。

照理来说购物完的女人应该是全世界最开心的女人，可 Sherry 一脸闷闷不乐的样子，似乎在找着什么重要的东西。

"可惜今天的李媛媛不快乐，可能是因为你和 Tom Ford 姨妈色（一种口红色号）相遇太晚了……"没错，李媛媛这个淑女的名字正是 Sherry 的中文名。

为了逗 Sherry 开心，我改编了一下赵浴辰《可乐》的歌词，想要博君一笑。

"我的天哪，那个 Gucci 包不见了！"Sherry 并没有对我的歌词进行回应。半晌过后，她突然大吼了一声，把整个宿舍的人都吓到了，就连完全听不懂中文的 Sally，也着实被吓了一跳，赶忙问 Sherry "Are you OK？"

"I'm really not OK, AT ALL!（我真的一点都不 OK！）"她突然说得特别大声，语气特别不客气，还是全宿舍都能听得懂的语言。

"I lost my Gucci bag. Who the hell stole it?（我的 Gucci 包丢了，谁偷了啊？）"据我了解，Sherry 一气之下就爱飙英语。

虽然对于她的发飙我感到突然，但是辛辛苦苦血拼来的成果之一化为了泡影，换作我也气不打一处来。

"你再找找，你一口气买了那么多东西，说不定在袋子里。"Alice 好心提醒。

"对啊对啊，如果东西没注意落店里了，我们陪你去取。"我也表示了自己的诚意，并且答应会和 Sherry 一起去取落在商场里的包包。

"都别说了！"Sherry 一下子又将自己的音量升高了八度，"我知道是谁拿了它。"她的语气又沉了下去，有种势如破竹，答案即将水落石出的感觉。

"谁啊？"我和 Alice 互相看了一眼。

第四章

Sherry扔下手中的记账本，往房间外冲，就连Sally都好奇问我们发生了什么。

我简单地和Sally解释事情的前因后果，她也表示很想一探究竟。

我和Alice，还有爱凑热闹的Sally同学，都八卦地躲在门后围观阵仗。Sherry路过了其他三间房，最后在Fiona的房间门口停下了脚步。

"不会是Fiona偷的吧？"Alice惊讶得捂住了嘴。

"还没调查清楚前什么都不好说。"和这日本小妞虽然不是太熟，但觉得她不会做这种事。

"Cindy，我是Sherry，找你有点事。"能听出Sherry努力在平复自己的情绪。

我们听到Sherry喊Cindy的名字。

这下我们知道她所说的那个人是谁了。

"她不会以为是Cindy吧？"

"嘘。"我示意Alice不要说话。

房间内始终没有半点动静，半晌，Fiona慵懒的声音传出了门外："Cindy's not here."

"OK, whatever.（无所谓。）"Sherry摆了摆手。我以为这波就这样平复了下去，她又继续杠了起来："Cindy，我不管你现在在干什么，请你现在出来一下，你找你室友打掩护也没用。现在，立刻，请给我出来。"

"亲爱的，差不多得了。"Alice上前劝架。

"闭嘴，不然我会觉得你两人合起伙来搞事情。"被怒气冲昏头脑的Sherry把矛头对准了无辜的Alice。

"干吗这么凶啊？"Alice就快要发飙了。

"别说了，Sherry现在正在气头上，等她冷静了再说。"机智的我拦住了她的脚步。

这么一记怒吼，果真炸出了正在浴室的Cindy。她浑身上下都湿漉漉的，裹着一条浴巾，身上还沾着没完全擦干的水珠，眼镜的镜片上还蒙着一层水汽。

"演得还挺像啊？居然假装洗澡。"Sherry讥讽地说道。

可是看上去很明显，Cindy的演技根本到不了那么炉火纯青的地步，她一定是洗澡洗到一半，被Sherry从浴室里喊出来的。

"你找我有事吗？"Cindy的情绪也笼罩在刚刚提袋子的怒气中。她似乎对刚发生的事一无所知。

反倒是Sherry的愤怒值冲上了顶峰："你自己知道就好，东西可以给我了吧。"

果然她怀疑Cindy是罪魁祸首！

Cindy到现在都不知道究竟发生了什么，她平时那么老实巴交一个人，别说是偷东西了，连抄个作业答案都不敢，怎么会拿Sherry的东西？

果真，气火攻心的Sherry把Cindy吓得动都不敢动，眨巴着两只小眼睛小心地问道："什么东西？"

"呵。"Sherry冷不丁的一声冷笑，全场所有人都冒出了鸡皮疙瘩，"你拿了什么东西你自己清楚。"

"你在说什么啊？我怎么听不懂？"Cindy用干毛巾挠着脑袋，看向了我，Alice，Fiona和Sally，"你们知道发生了什么吗？"

Sherry又是一声冷笑，严刑逼供道："别装了，我的那个Gucci包呢，给我交出来，我们还不至于撕破脸皮。"

第四章

"谁,谁谁谁谁,在和你装啊!"Cindy本来就不善于表达,遇到这样的情况都结巴了,一副哑巴吃黄连的表情。

大家都不敢吱声,我跟Cindy对着唇语,告诉她要保持淡定,证明清白。

她又鼓起勇气对Sherry说道:"我没有拿你的任何东西。你,你你你,这样说就过分了。我洗澡洗到一半就被你吼出来,至少等我擦干再说吧。"听这书呆子讲话太吃力了,真想自己的嘴长在她脸上,应该立马就能解释清楚。

"行,我等你擦干,慢慢算账。"Sherry退让了一步,表情依旧高高在上。

Cindy默默走回浴室,擦干了身体,换上了睡袍。我们以为她换好衣服会出来解释。

这个时候,只听见"啪啦"一声,我们都吓了一跳。

我揉了揉眼睛确保自己没看错眼前的一切。她突然小宇宙爆发,咣的一下就把眼镜摔到了地上,像是切换到了另一种人格,战斗力完全被激活,对Sherry大吼:"我是你想欺负就能欺负的吗?凭什么说是我偷的?你自己买那么多奢侈品,用的都是父母的钱,你很想炫耀吗?不被偷才怪!"

有那么一秒场面陷入沉寂,随后,争吵又变本加厉了起来:"我买什么关你屁事。你先管好你自己的臭嘴,你怎么赖账都可以,别把我父母扯进来。他们不背这锅!"Sherry不甘示弱地吼道。

Alice一边观察着事态进展,一边和另外两位观战的外国友人实况翻译。

"哼,一下子买了那么多奢侈品,那么爱炫耀,你不被偷谁被偷?!"

"对啊,你抢着帮我拎袋子,不就是想趁机顺走些啥吗?还有我在清点东西的时候,你跑过来看来看去的。你看你那样子,就眼羡是吧,羡慕那也不是你的。"Sherry一副看不起她的表情。

"好，Sherry，你等着。"Cindy 没有绷住自己的最后一道防线，"我的好心就这样被你践踏！"转眼间，她冲进浴室，重重地摔上了那道门。

厕所里传来钻心的痛哭声。撕心裂肺的哭声让我听了心里难受。

抛开 Sherry 的为人，此时的她肯定酿下了大错，她没有证据就这样当着大家的面冤枉 Cindy，不给她一点面子，谁能受这种屈辱？

我坚信 Cindy 一定是受了冤，她在哭，我的心也跟着滴血，这个时候我觉得我必须站出来，为 Cindy 讨回公道。Sherry 可能就是看苏雨萌平日里老实，今天又傻乎乎地帮她提袋子，一副没见过世面的模样，才戴有色眼镜评判是非。

我候着时机，卡着秒数。1，2，3，秦小柔同学上场。

"Sherry，我必须要说，这个事情是你的不对。"我清了清嗓子，确保自己字正腔圆地吐出每个字。

Sherry 愣住了，估计是没料到关键时刻有人会挺身而出，站在 Cindy 的一边。此刻不暂停这场血腥风雨，更待何时。

"嗯，你倒是说说，我怎么不对了？"Sherry 还是死要面子，语气听上去还是一如既往的理直气壮，气势却明显弱了下来。

"首先，Cindy 帮你提袋子是看你手里拿了太多东西想帮你分担。其次，你东西丢了应该好好找找，不能仗着别人老实，就冤枉别人，再说了，大家都是同学，我也相信你平时不是欺软怕硬随便冤枉人的人，可能就是太着急了。现在都没弄清楚情况，吵起来太莫名其妙了。"

"那我现在东西丢了怎么办？"Sherry 被我一席话说得有些收敛，没有了刚刚嚣张的气焰了。

"你先回房间，再好好找找那个包，如果找不到，就隔天早上联系挂失

第四章

处。无论如何在没有证据的情况下不能冤枉人。"

"对啊，先找找再说，不能随便冤枉人。"Alice 也在旁边帮腔。

这时候 Sherry 的手机响了。

她接起了电话，按了免提，电话里的内容直译成中文，大概是：亲爱的顾客你好，这里是挂失登记处。你刚刚在本商场购的 Gucci 包落在丝芙兰柜台了，有好心的店员捡到，请你等明天商店开门了来取。

听完这段话，在场的人都神情复杂地看着 Sherry。

刚刚的这场闹剧，真的只是误会。

浴室里的哭声戛然而止，争吵也戛然而止，厕所门缝也有意地微微敞开。

风停了，雨也停了，这下总能回归暴风雨后的平静了。

我长长地叹了一口气，Sherry 尴尬地挂断电话，她刻意躲避虚掩着的浴室门口的那双眼睛。

秘密之购物风波（下）

Cindy同学这次算是被冤枉了。Sherry当天就和她道了歉，我们为了缓和她俩的关系，使出了浑身解数，像帮助一对分手的情侣复合一样，重新把她们俩撮合在一起。Sherry同学一有不会的数学题，我就拿到Cindy的房间，告诉她这是我不会的题，求大神指教。她帮我耐心解答过后，还用辣条贿赂她帮我写出详细的解题过程，最后将完整的解答过程交给Sherry，也算是做了把活雷锋。

她们俩的关系慢慢缓和了不少。

一开始两个人还觉得尴尬，Cindy会故意避开Sherry，后来在走廊里遇到了也会互相打个招呼。Sherry同学已经淡忘了这件事，送了Cindy一支圣罗兰口红，还主动跑到她房间跟她分享零食。

学业也逐渐进入紧锣密鼓期，开学时每天只需要一小时就可以写完所有作业，现在至少要花上两小时才能写完。

原本以为我是这个学校最大的数学学渣，万万没想到自己竟还是匹黑马，数学课程已经学到了同龄最高级别。

靠Andrew男神赏脸，我从代数2跳级到了他的微积分课程。Sherry的数

第四章

学能力堪忧,学到现在还在解最简单的一元一次方程。她虽长着一张学霸脸,但上课的时候总是心不在焉。

英语老师 Susan 女士总会在课前没收所有人的手机,而 Sherry 有两部手机,一部上交,一部偷偷揣在兜里。她微信里有上千个好友,每节课都会偷偷拿出手机跟朋友聊天,很大程度上影响了她的成绩。

英语和历史课论文都要熬夜爆肝才能出好成绩。历史我虽然不喜欢,但它和英语是我的强项,老师也经常拿我和 Jackson 的作业当作范本给同学看。

美国的教学方式和国内完全是两个路子。中国教育主要注重讲课,老师会在一堂课上耐心认真地传授学生课本上的所有知识,连细枝末节都不会放过;而这里的老师会通过实验,带领学生一起探索答案。

平日里也会有一些小组活动拉拉分,可能是外国人都比较随性,他们普遍对这类活动成绩非常淡泊,于是每次都是我一个人包揽着三分之二的活儿。

星期一早上,Susan 女士私下把我叫到了她的独立办公室。前几天刚考完《麦田守望者》的读后考试,考前一天忘记了复习,心想这下完了,一定是考砸被叫到办公室挨批了。我低着头,颤颤巍巍地敲开了房间门,Susan 女士居然对我报以一个微笑。

这就更诡异了,考砸了还会对我笑,美国的老师都是善良的弥勒佛吧。她把我让到一张椅子上,还给我倒了一杯果汁,表情有点诡异,总像有求于我。

"有什么事吗?"我小心翼翼地问。

"是这样的,我觉得 Sherry 最近的英语学习遇到了很大的困难,我找出了这次你的考试卷纸,也找出了 Sherry 的,除了那道送分题之外,Sherry 对整本书的内容都一概不知,我怀疑她有作弊的行为。"

听到这里我大概明白了,应该是考试的时候,Sherry 抄袭了我卷纸上前几个能看清的单词，后面的词由于被我用手挡住，她就开始胡乱编凑。

"Sherry in trouble（Sherry惹事了），成绩下滑可以提高，最主要的是她涉嫌作弊。"

我听着Susan女士的话觉得不可思议，她竟然没有听课，而是跟手机里的朋友侃大山？换作我，我一定认真听讲，放弃周末购物的时间备考。再多的名牌化妆品和包包都抵不上好成绩来得重要啊！

我喝完了那杯苹果汁，她又给我续杯。

"我很看好Sherry，希望你能'help her make progress'（帮助她进步）。"能看出英语老师挺喜欢她。

"作弊的事我这边过得去就不用追究了，只是如果学校知道，那她就吃瘪了。"

我的意思很明确，幸好Susan女士是个好人，先来征求了我的意见，没有直接把她告进Honor Counsel。在美国，任何违反校规条例的人都会被送进这里。

"你和她是roommate，平时多多关心她。她上课的时候用另一部手机跟朋友聊天，我都看到了。可能Sherry同学最近遇到了困难，希望你在帮助她提高成绩的同时，也帮助她走出苦难。我在此非常感谢。"Susan女士慈祥地看着我。

"Sure, it's my pleasure. I will help her make it.（当然，这是我的荣幸。我会帮助她做到。）"

就凭老师对我的信任，我都必须套出Sherry的话。看看她到底是因为什么原因心不在焉，学习下滑。

我想先了解最近她有没有遇到不顺心的事，二是看看自己能不能督促她

第四章

认真阅读。她是个非常要面子的女孩儿，硬碰硬肯定行不通，还需要一步步套话，治标也治本，让她心里那块石头落地。

别说是Sherry了，我和Fiona都在学习过程中遇到了这样那样的困难。即使美国数学比中国简单，我还是在函数应用题上遇到了麻烦，憋了半天也写不出一个方程式。我也特别反感麻烦别人，总感觉麻烦别人的同时，也在给自己徒增烦恼。

随着课程的加深，理科也越来越难。由于我在的是进阶班，老师讲课速度也非常快，我只好找到了比我高一年级的苏雨萌寻求帮助。

之前就有听宿舍里的同学吐槽过她有点势利，总爱巴结有钱人，还不乐于助人。一开始问她学习上的问题她还会应付一下，到了后来连搭理都懒得搭理。

因为前一阵她还解决了很多道Sherry的数学题，所以我傻乎乎站在她一边澄清："我们Cindy可不是这样的人。"一想到她之前帮Sherry解决了那么多疑难杂症，想必也不会拒绝我。

但没想到，我就问了Cindy一回数学拓展题，她就连连摆手，说自己学过，但忘了。

之后有一天，Cindy在客厅沙发上打电话，开了免提，我偶然听到了来自电话另一端她母亲的"谆谆教导"："雨萌啊，你成绩优异，肯定有好多同学请教你学业吧。你要学会保护自己哦，学霸都是这样的。有些时候，势均力敌的同学来问你题，你说不会就行了。"

戏剧表演

我可算领教了为什么学霸的话都不可信了。

反正不教我就不教呗，我又不是笨，大不了我自己学就好了。实在不行，我还能打Anna学姐的主意。

何况现在我还身兼Sherry同学家教的义务，脑子都转不过来。

我谨记着Susan老师对我的认可，在Sherry写作业的时候，悄悄溜过去看看她正在写的作业科目。

我是看面子看得比天还重的人，Sherry的好面子程度也可见一斑。记得刚开学时有一天，英语老师发下了暑假阅读书目的作文评分，全班就她一个人默默拿那三大页纸折成一个小方块，塞到包里，谁也不知道她究竟得了多少分，我们也没多过问。我当然知道那种藏着心事的感觉。

那天我早已做完了作业，眼看已是8点，待时机成熟，我推开Sherry的房门。

"Hey, surprise!"我躲在Sherry的椅背后。

"哎哟喂，吓死我了！"她被我这突然的举动惊得够呛，吓得直拍胸膛。

这惊喜足足变成了惊吓。

第四章

她的手机屏还朝上亮着，多亏夹在了她的双腿之间。我扫视了一眼，屏幕上显示的是她和一个人的微信对话框。

这个出其不意的出场方式我早在之前就盘算好了，最能够摸清她学业退步的幕后真凶。显然是我的突袭惊到了正在摆弄手机的她，但此刻的情形就像是老师发现有同学上课玩游戏一样。

"你……作业写完了吗？"我怕她发现破绽，只能小心翼翼地打探军情，从侧面真正帮助到Sherry。

"没有。"她摇了摇头。

想到她肯定还剩下很多作业没做完，却有空和微信好友聊天，我有种恨铁不成钢的感觉，Sherry还真是不知道自己现在的处境和情况。

"你是不是在哪门功课上遇到了困难？"我试探地又问道。

"没……"她又是惯性地摇摇头之后又点了点头，举动有些矛盾。

"让我看下你的数学题呗。"我想了想继续说道，"我还挺好奇你们班学些什么呢。"

"喏……"她犹豫地翻开书，找到了一元二次方程解答题的那页，尝试着做了一道，又放下笔，双手托住下巴，突然放声哭了起来，整个上半身都趴在了厚重的书本上。

"怎么哭了？是不是太难了不会做？"我看到她哭，有点慌，看了一下她的数学题，"我帮你看看吧。"

她抬起头，泪水已经沾湿了那页纸，把手里的书本递给我。

我看了一下，摊开的那两页上唯一的两行字，已经被泪水浸透得泅开了花。一元二次方程，这类中学生就该得心应手的基础知识，应该是数学入门的一章，而她却对这么简单的问题毫无头绪。我也曾在国内初中的理科学习中，经历过这种无力。每个人基础不相同，我很懂她的心情。

"不要哭了。"我用桌边的纸巾擦干了她的眼泪，"我以前也是个数学学渣，但努力付出，就一定会有收获。"

"真的吗？"Sherry像是不相信。

我写出了一道题的解题过程："我这里有个小口诀，用配方法解一元二次方程是这样，二次系数化为一，常数要往右边移，一次系数一半方，两边加上最相当……"

她认真地听着，根据我的讲解做出了接下来的几道题。

"你看吧，我这么一点拨，你就会了。"我向Sherry抛了个媚眼。

"谢谢你。"她终于会心一笑。

与Sherry接触了一个多月的时间，当然知道她是个聪明女孩，只是有时候容易分心，心思既没有放在梳妆打扮上，也没放在学习上，就不知用在了何处，估计是其他方面另有隐情。

隔天，我又在同一时间重返Sherry同学的房间，她玩手机玩得正入迷，完全没有察觉到我的接近。

我探出头，缓步靠近她身后，八卦的心促使我想要知道她的聊天对象究竟是谁！让我们Sherry废寝忘食，学业退步，一放学就捧着个手机聊啊聊，如同吃了炫迈口香糖一样停不下来。

我近距离看得很清楚，屏幕上一个大大的emoji爱心备注，头像是一个帅气的韩国男团脸。摊上这么极品的帅哥，也算你有福气。

我又靠近了一点，大概只离她几厘米的距离了，她一下子回头发现了我，大发雷霆对我吼道："你有病吧！"

整个气氛仿佛凝固到了冰点，我呆住了，一下子不知道该说什么合适。

第四章

这是我继 Cindy 事件之后再一次见 Sherry 发火。我印象中的 Sherry，虽说不上平和如水，却是个相对好脾气的人。

我放平心情，准备趁此机会找她好好聊聊。我回房拿了一包零食，对 Sherry 进行美食诱惑。

"心情不好啊，吃点零食吧。"我忍着委屈走到她面前，想通过零食来缓解尴尬的气氛。没想到，她一把推开我的零食，一包开了封的鸭胗掉到了地上，我的好心化作了泡影。

"干吗呀？真是好心没好报。"我脱口而出。

"我现在不想吃。"她的语气弱了不少。

"不吃算了。"我知趣地捡起地上的零食，走出房间。一切的一切，由时间来揭开这个谜团……

抛开 Sherry 的事儿，学校的话剧表演选角也拉开了帷幕，这是件令我开心的事情。美国人口中所谓的 casting，就此正式开始。

这次的角色面试，戏剧班的同学享有表演优先权，一表演完，就可以提早离开。并且，面试官给了我们至高无上的优先考虑权。也就是说，两个人竞选同样一个角色，在表现不分胜负的情况下，戏剧课学生有更大的可能性入围。

虽然我没有过表演经验，但作为一个自封 drama queen（戏精）的人，我对自己的演技还算有信心。我经常在洗澡的时候自导自演各种雷剧片段，从楚雨荨和慕容云海，到小燕子和五阿哥的戏码，我都默默给自己评了满分，昨晚做梦都梦到自己赢下了话剧女一号。

其实好几天前我就拿到了剧本，由于我对自己的表演能力充满信心，只是泛读了一遍剧本，并没有深入了解任何一个想要拿下的角色。而两间房开外的 Alice，完成作业后有事没事就捧着剧本，对女主 Olivia 的人物形象早已了如指掌。

待会儿来给你们演示一下，什么才是真正的天赋！我暗道。

老师们给我们每个参赛者都打印了份剧本，每个人会轮流试演不同的角色。我宁愿做压轴，也不愿意做首只下油锅的小雏鸡。

这倒好，一个短发、巴掌脸，身体微胖的女生自告奋勇第一个开始表演。可能是被她的积极性带动，越来越多的人要求合演剧本开场的前四个角色。

那个微胖的女生试镜的角色是女一号 Chloe。

Chloe 的设定是男主的初中同学，毕业后成了女明星，是男主一直以来爱慕的对象。然而她却非常拜金，看不起男主 Sam 作为一个新手作家赚得的稿费。男主也非常落魄，虽从哈佛大学毕业，他的作品却无人问津。Sam 的生活单调无趣，每天过得如同机械一般：8 点起床，12 点去麦当劳取餐，每次点的都是巨无霸，回来后吃完饭，继续码字，写两小时，再去家对面的健身房做一小时有氧运动，回来吃晚饭或者和 tinder（美国交友软件）上刚认识的妹子约会，吃完后继续码字，一直工作到 12 点，准时上床睡觉。今天也是如此，他存档了新一章文字之后，像往常一样保存了文件，前往距离最近的麦当劳窗口取他的巨无霸汉堡。可是没想到，他回到家，一打开文档，文字凭空增多了好几页。可是他那时候不在家，莫非是哪个爱慕他、又有才的"田螺姑娘"所为？于是，Sam 决定守在家一探究竟，结果他发现只要自己坐在电脑屏幕前，文档就不动了，一旦他去上了厕所，字数就会飞速增多。他决定直接上交这些凭空出现的文字，出乎意料的是这些内容吸引了一票读者，他成为一个著名畅销书作家，也抱得了女神归……

第四章

之前在上海,也有母亲的朋友带我看过专业院校的话剧面试,而大多数人要么表现拘谨,要么表演痕迹太重。可能也是受不同教育的缘故,美国同学的表演堪称自然。他们能准确无误地念出台词,配上肢体语言和人物表情,一切都贴近完美。

Linda 一开场就以大嗓门的优势震惊四座,她的演技不赖,直接打败另外三个对戏的选手,一路试演女一的戏份。

我刻意排在了队伍的最后,倒是东北老爷们 Jackson 成了第五个竞选者,和其他几位种子选手一同竞选角色。

我想,这下完了,就凭他那浓浓的东北口音,另外几位本地学生就已经甩了他好几十条大街了。

面试官的老花镜架在了她的鼻梁骨上,她扫视了一眼所有选手,仔细地清点了一遍竞演名单,对着人群中的一位超模长相的女孩儿点了点头,目光渐渐飘到 Jackson 身上,神情最为奇异。

她似乎有点难以置信,面前这位全校最接地气的书呆子居然会来参与选角,隐约吐出了一句"incredible(难以置信)"。她严肃的脸上闪过那么一丝微笑,又好像有讽刺意味地摇了摇头。

这场戏 Jackson 轮到的角色是出版社老板,恰好也是个同名的人。考官二号是个黑人老头,重重拍拍 Jackson 的肩膀:"就你吧。"

Jackson 有些紧张,额头和鬓角处都冒出豆大的汗珠。他向上提了提那副象征着学霸形象的圆框眼镜,抹了抹嘴角,来回翻看剧本。我朝他做了 wink 的眼神,比出加油的姿势,小声给他鼓励打气。

"To be a star, or not to be a star, is a question.(做明星,还是不做明星,这是个问题。)"这是 Jackson 的首句台词。我原以为这次他会迎来史诗性的涅槃，可他的口音还是和以往没什么差别。要知道，整部剧中，出版社老板可是个仅次于男主的角色。想象一下，数百个人在剧场里观看我们学校的年度大戏。剧情流畅，演技自然；忽然，出现了一个东北大楂子味儿的口音，也许会引来哄然大笑。

"Wow, Jackson!"外国同学Linda欢呼雀跃着。要知道，Linda是学校popular girls中的一员。她一开口叫好，全场同学都陆续凑起了热闹。

又有一个金发小帅哥从座椅上一跃而起，大喊道："Go，Jackson go!（冲啊！）"他一旁的西班牙裔小女友也夫唱妇随，直接带领着一波小姐妹鼓掌，呼喊着他名字的同时，还不忘给几个飞吻，弄得Jackson同学的老脸涨得通红。

他一定是提前做过充分的准备。如果说口音是先天无法改变的，那么自信心完全可以在短时间内形成。Jackson的表演非常流畅，台词功底肯定没另外几位同僚扎实，却也比刚开学时的塑料口语进步太多。抛开口音不提，这老总的气势和语调，还真像模像样的呢。

"笃笃笃。"门口出现了一阵敲门声。戏剧老师打开了门，Simon同学慢悠悠地走进教室，义正词严、淡定自若地说道："Sorry, I'm late.（对不起，我迟到了。）"三分之二的同学都已经表演完了，而他不仅没有意识到迟到的严重性，还悠闲地走进教室，不免让在座的人都有些无语。好在考官们都非常慈祥，可能也是考虑到国际新生的缘故，先招呼他找空位坐下，并且也给了他和Jackson相同的角色。

这时的Jackson还在台上，认真饰演他的大老板身份。Simon捂住自己的嘴，不停地笑。

第二排的一个黑人哥哥戳了戳他的肩："Hey, bro, stop please.（嘿, 兄

第四章

弟，请停下。)"看着 Simon 的笑意不仅没有停止，反而变本加厉，他继续耐心提醒 Simon，无论是善意还是恶意，这样的笑对表演者来说都是极大的不尊重。

"It's none of your business." Simon 的一句"不关你事"把我和这位小哥都气得够呛。黑哥哥差点和 Simon 杠起来，看到现在是表演时间，才收手准备和平了事。

终于，Simon 憋不住了，"哈哈哈哈哈哈"地针对正在念着台词的 Jackson 笑了出来。

世上没有后悔药

终于，Simon 爆发出了积蓄已久的洪荒之力，针对正在念台词的 Jackson 进行了一波伤害值达到巅峰的冷嘲热讽。

与 Jackson 对戏的演员也停止了表演，整个教室都从原来的生龙活虎恢复到了宁静一片。Jackson 一脸不解的样子，两只小眼木木地看着 Simon。

不知道是不是外国同学不懂中文的缘故，也没有人为他站出来伸张正义。所有师生的目光都放在了 Simon 的身上，他俨然成了全场"焦点"。

"That is so rude.（这太鲁莽了。）"就连脾气一向温和的戏剧课老师都看不下去了，向 Simon 抛出了这么一句话。另外一个考官也表示 Simon 表现十分粗鲁，不明白他嘲笑他人表演的用意。果然是欺软怕硬，老师一出手，他才停下无礼攻势。

Jackson 丝毫没有受外界影响，继续他的表演，声腔和力度都比之前更加铿锵有力。尽管 Simon 停止了冷嘲热讽，但他仍然时不时发出"切""哼"的语气。

"你，又一次将不可能化作了可能。恭喜。"

这是 Jackson 整场剧台词的最后一句：You turn every impossibilities into

第四章

possible.

我也想恭喜Jackson，把所有我们认为的不可能变成了可能。

Simon可能是没看够自己想看到的好戏，悻悻离去，仿佛就是逮着机会看别人出糗才来的这里。

之前和Simon并不熟悉，以为他也是和Jackson一样的谦谦君子，现在才知道他是一个大奇葩，人简直不可貌相。

有个同学目睹了这一幕，特意在Simon离开的那一刻献给Jackson如雷贯耳的掌声。大家都对他的表现十分出乎意料，如果满分10分，大家给的预估分是5分，那么现在他的表现可以说是一路飙升上了8分，差点就超越Linda，赢得今天的popular star头衔。全场都对他刮目相看。

"小兄弟，好样的啊。"我喷了一下嘴皮子，不吝啬自己的夸赞。

Alice也学着我"啧啧啧"道："不错啊，看不出你还有这一套本事。"鼓励完罢，还不忘损上几句，"我说你啊，可是东北戏精学院毕业的吧"。

我们三人的欢声笑语与同学的窃窃私语混成了一片。

评委还在一边交谈，一边打分。只剩下我和另外三位同学没有表演了，他们都在商量下一场戏的策略，我则淡定自若地与Jackson和Alice扯淡。

马上要轮到自己了，我非常看重这个角色，凭借自己的样貌和实力，我还是有那么一点可能性演女主的。我再仔细端详了一眼四周，女生的颜值普遍不如男生，可是所有女生都毫不避讳自己的缺点暴露在大庭广众之下，可谓是骨子里透露出的自信。

那名叫Bally的女生，还真有个微微隆起的belly（肚子），她穿了一件米红色紧身背心，体形大概有两个我那么大。除此之外，搭配的那条牛仔短裤也暴露了她粗壮的下半身。我周围的一些朋友常爱穿宽衣长裙掩盖身材的缺陷，而在这个无比开放的国度，无论环肥燕瘦，女生们的光彩与不堪全部都公开于光明之下。

我一直上下端详着 Bally 和身边那位与她谈笑风生的女同学，无论从气质还是样貌上，那位女同学都完胜全场女孩儿。照剧本走，Bally 应该会对自己的身材自卑，怎么会愿意和这么一个性感尤物成为好闺密呢？我疑惑着，直到她俩发现了我的存在，齐刷刷看向了我，也确实是我上台的时候了。

我需要闪回到大学时期，试演的角色是男主追了一年半的华裔学姐。我花几分钟时间阅览了一遍这页剧本，我的人设极其高冷。主角对我一见钟情之后，就展开猛烈攻势，而我需要对他的所有付出都不予理睬，甚至还将他送我的一束花扔进垃圾桶，原因是那束花是在 Target（一个平民超市品牌，以便宜的价格受到民众推崇，那里的一大束花才两美金）买的，另外还要当面羞辱他的衣品和邋遢的外表。性情那么烈的设定，完全不是我的风格。

秦小柔！叫你当时不认真拜读剧本，现在搞砸了才开始后悔！我在心里暗暗懊悔。

我的台词出现在三个人的对话之后，必须以高冷的姿态出现在众人视野范围内，然后一甩头，扬起我飘逸的马尾辫，对追在我身后风尘仆仆的男主翻一个白眼。

这次试演主角的这个男生是我们年级的另一位学霸。他来自印度，所以免不了说话时自带的浓烈口音。

他两眼痴痴地望着我，脱口而出："Please, just give me a chance.（请给我一次机会吧。）"

为了保持剧中的冰山性格，也为了不笑场，我刻意撇开他声情并茂的眼神，视线聚焦在面前的那堵白墙上。然后，我需要扔下他送给我的第 101 个

第四章

礼物，牵着身边那个女生的手，假装自己是同性恋，潇洒告辞。

因为剧中的人设是个中国女孩，所以这一桥段的笑点在于，我需要冷不丁抛下一句中文："做梦吧你！"这个编剧居然会中文？光是这点也使我啼笑皆非。

我"咯咯咯"一下笑场了，旁边戏剧老师露出严肃的神情，简直是要把我往草丛里埋。

于是我赶紧收回笑意，继续沉浸于角色中。

当我说出那句中文台词的时候，能看到台下同学们蒙圈的表情。我很好奇同伴们的观战反应，一直朝 Alice 和 Jackson 的方向看。

印度小哥正在表演的时候，我满脑子想的都是自己登上台演上女主的情景，尽力让自己显出高冷气质。干脆就别做表情，翻几个白眼，还有谁不会的？

这次的表演，倒没有事先料到的卡壳。本身这个角色考验的就是"一个华裔女神外在的自我修养"，所以台词也就区区几句。我的对手演得也是相当卖力，但为了演上一个男主角，你的每个表情都可以截图成表情包了，至于吗？这回让老姐给你们表演一下"信手拈来"这四个字该怎么写。

选角结束，我和在场所有评审和老师一一道别。不知是不是自己心理原因作祟，总感觉戏剧课老师也没有以往对我的热情了。按照美国人的套路，只要他有一丝一毫的满意，就恨不得献给你好几百个香吻，然后不停地重复："You are so fabulous"，或"This is so awesome"（这太帅了），或"Oh my god, I love it!"这次，她并没有言语上认可我的表演，也就非常轻声细语地道了别。

我带着疑惑，在回宿舍的途中遇到了如释重负的 Alice。她蹦蹦跳跳地走在那条林荫小道上，背影还真是个大美人儿。两条大长腿花白花白的，腰板也笔直笔直的，怪不得外国人都吃她那套，一个劲儿在 instagram 下夸赞她的颜值。而在中国人的审美观里，她只不过是一个身材不错的小女孩。

Alice 平时是个大忙人，每天一放学就没了影，忙着和本地学生交际。她有时会拉上我进她的朋友圈，而我通常就聊上几句，发现缺少共同话题，便仓皇逃之。现在是为数不多能与她单独聊天的好机会，我也知道她性格直接，说出来的话可能会分分钟让人崩溃……

我一路小跑跟上了她的步伐，凑到她身边。我知道她的随和程度可能在全校都数一数二，但此时的她一抬头，居然给人一种难以接近的感觉。

"嘿，怎么啦？"我还从没见到过如此温柔的 Alice。

我知道她一定会对我说真话，还没等我开口，她就与我的想法接上了轨："说实话，你今天的表现，有点小糟糕。"

想到她直接，没想到会这么直接。不过，我感觉今天的表现并不糟啊。

"你看剧本了吗？就算你没看剧本，也没看之前那个女生的表演吗？"Alice 可谓是毒舌界的鼻祖。"剧本里你的那个角色，是有铺垫的，那个女生……"她大致描述了一下那个女孩的长相，"她演了这个中国女孩之前的一场戏，可以从那里看出这个角色的人物特征——并不是一个不懂人情世故的人呀，怎么你演得就那么呆呢！"

"可是她的设定，不就是一个拒男主屌丝形象于千里之外的女神吗？"我也大胆说出了自己的理解。

"你错啦，她其实很明白这个男生身上的一切。她那不是高冷，是看得通透啊，通透！她拒绝男主的上百次告白，是因为这个男生在大学期间就是个窝囊废。你说他堂堂一个哈佛大学高材生，只知道死读书，没有梦想，未

第四章

来过得跟条咸鱼一样。一次追女生的机会都没好好把握,不懂得制造浪漫,还觉得自己很可怜。"

我眨巴着双眼,她观察到的这些,我确实半点都没有观察到,一直天真地以为这个女生就是个不近人情的高冷女神。

"所以说啊,她还算有情有义了。"

顿时,我说不出任何话了。我对这个角色的误解导致我的表演失误,错把一个不被珍惜的好女孩儿演成了无情无义的道德婊。

我很后悔,但世上没有后悔药。

谜团解开

忠言逆耳利于行。正所谓众人皆醒，我独醉。

Alice 的这番良言点醒了梦中的我。

这几天晚上，我都是尽早地完成作业，仔细阅读剧本，外加练习我前几天试镜的那个角色。我空闲时间练，吃饭时间练，散步时间练。和朋友聊天的时候，也会突然蹦出那句全剧最经典的："做梦吧你"，逗得 Sally，Fiona 和 Sherry 笑得合不拢嘴。

我给自己设定了三天的练习时间。明天去找戏剧老师，诚心请求她再给我一次表演机会。今晚，我对着浴室里的那面大镜子，关上了隔壁房门，独自在厕所练习自己的独角戏。

"用中文来说，你就是个窝囊，idiot！""做梦吧你！""You'd better be like a man.（你最好像个男人。）"

"喂！"Sherry 走进了厕所，熟练地抽出一张化妆棉，开始卸妆。

"你真是吓到我了。"我叹了一口气。

"你现在明白被惊吓是啥感觉了吧。"她开玩笑似的说。

她的这句玩笑话让我想到了之前对她的突然袭击，回想起来还有些哭笑

第四章

不得。

"你这不是都试完镜了吗？怎么还在练啊？"Sherry紧接着问道。

"我上次没表现好，明天的话，希望……"我忽然发现自己说错话了，便戛然而止。Alice之前特意提醒过我，想要获得第二次表演机会，千万不能透露别人任何这方面的信息，这件事天知，地知，你知，我知，足矣。

Sherry好像知道了什么似的，知趣离开了。

我睡了满足的一觉。清晨起来拉开窗帘，心情美美哒。

今日风和日丽，天空是湛蓝色的，飘浮着的白云像是柔软无形的棉絮，将整个蓝天遮盖得若隐若现，宿舍门外的几只灵动温顺的小松鼠正为一颗松果争抢得不可开交。风铃随风摇曳，叮当作响；一阵风刮过门檐，也刮走了那颗松果，这顿即将到嘴的盘中餐竟成了风的俘虏。

我开心地蹦跶到了剧场，准备碰碰运气，戏剧老师果真坐在前排观众席上。

我让自己冷静下来，按照Alice给我的建议，始终保持面带微笑，交流能力可比展现重要。

那个眼力超尖的法国老太太一下就发现了我，请我坐在她旁边。我与她大致叙说了一下自己主动找上门的目的，并且真心恳求她能给我第二次机会。

Alice已经在美国待了三年了，对这所学校的规则了如指掌，她曾告诫过我，美国人绝对不会轻易地因为人情而改变规矩，戏剧老师也是如此，要用自己的实力和诚意征服她。

Alice从另一扇门走了进来。她不会也是来寻求第二次机会的吧？

我仍旧颤颤巍巍，不敢主动争取二次试镜的机会。

只见 Alice 大方地坐到她的另一侧，对我眨巴了一下眼睛，对着老师笑眯眯地说："Mrs. Smith, would you please give Vivian another chance? She really likes the play, and she's talented enough to be a main character.（史密斯夫人，请你再给 Vivian 一个机会吧。她真的很喜欢这部戏，她也有成为一名主角的天赋。）"

我揉揉耳朵，确保自己没有听错 Alice 的话。我和 Alice 交集不多，而她却能在关键时刻挺身而出替我说话。

就在我惊讶之余，老师也发话道："天赋不是一个人成事的最主要因素，最主要影响还是在于他的努力和认真。而且，这样对其他选手也不公平。"我心想，话都说到这份儿上了，耶稣求情估计也没用了。

Alice 的眼睛一骨碌，仿佛想到了新的对策："Vivian just came to America. She is just so shy to express herself. It takes an international student lots of courage to step out. So, please also stand on her position.（Vivian 才来美国。她只是太害羞了，以至于不擅长表达自己。迈出这一步需要很大的勇气。所以，请站在她的角度上想想。）"

她这招打的是温情牌，一下子就戳中了别人的脆弱部位，Smith 夫人若有所思地想了好久，说道："许多中国学生参演话剧，是考虑到这一经历在大学申请的简历上能加分，目的性大于了真正的热爱。我不知道 Vivian 的具体想法，但希望她是真心热爱戏剧。"

Alice 的忙都帮到这份儿上了，也需要当事人发声了。我也真情流露地说道："我一直都很喜欢戏剧，如果没来美国，我可能会考虑面试中国的戏剧院校。初来乍到，很多方面都需要更加努力。这样吧，我就再演一遍那天的台本。结果如何，我都欣然接受，至少我没有给自己留下遗憾。"

第四章

Smith夫人终于同意了我的请求。

Alice自告奋勇与我对戏，重现了一遍当天的桥段。通过Alice的点拨以及我这几天的不懈努力，我终于理解了这个角色在剧中出现的用意。这个华裔也曾经把男主归入自己的考虑项内，她所有的高冷都只是为了能让男主变得更优秀，所以才设置一道道门槛。这一次在念台词时，我念出了这个女孩儿纠结之下的果敢，也演出了她作为一个亚洲女孩儿的矜持。

"做梦吧你！"同一句台词念出口的时候，我眼前一闪而过的是《流星花园》中杉菜对道明寺告白时的反应，纠结中带有一些小迟疑，迟疑中又带有一瞬恐慌，所以我也给这段台词加入了中国女生独有的小俏皮。短短的几幕剧情，其实很快就结束了，我渴望听到Alice的反馈。

"这次，你演出了这个角色的精髓啊。"她称赞道。

得到她的表扬也真属不易。Smith夫人也忍不住开始鼓掌，对这次表演给予了肯定："It's way much better than last time.（这次比上次好太多了。）"能得到专业老师的认可就足够了，结果对我来说已经不再重要。

戏剧老师询问了我上次发挥失常的原因，我简单描述了四天前第一次登台忐忑的心情，Alice也在附和着我的说辞。我俩一个捧哏，一个逗哏，让老师犹豫不决。

"OK, I will consider another chance." Mrs. Smith说看在我今天表现出色的份儿上，会考虑提高我的分数，计入最终的选角总分中。

我高兴地紧紧抱住了Alice，多亏她的帮助，我才会有重获新生的机会："Alice is a really good friend.（Alice是一个非常好的朋友。）"

离开舞台前，Smith夫人对我反复强调，"You should treasure it.（你需要珍惜。）"

"谢谢你,今天能帮助我。"我激动得眼含热泪,"要不是你来说情,我可能就凉了。"

"应该的。得不到的我们绝对不抢,但属于我们的也绝对不让。"她酷酷地歪嘴一笑,向我 wink 了一下,好撩人啊。

选角结果将于周一公布,竞选者们还有些时间调整一下心态。

以前由于 Sherry 的原因,没有和 Alice 有太多的交流。

然而通过这件事我发现,她并不像 Sherry 口中的那个给人轻浮印象的女生。她说话是直接了些,却能一语道破天机,句句金玉良言。

我也逐渐尝试融入 Alice 的朋友圈,和 Alice 成了唯二与本土学生聊八卦的国际学生,几天下来,也不亦乐乎。

热情的老外总爱与我们分享各种超市里买来的大桶装零食,以甜点为主,甜甜圈、肉桂卷、自家烤的布朗尼、饼干、纸杯蛋糕等,都是一级长膘利器。加上我运动量极少,短短几天就胖了5斤,连校服裙都扣不上了。

Alice 是校游泳队的主力队员,每天训练三小时,不瘦都见鬼。Sherry 虽然也在不停吃零食,但瘦得像根竹竿。今天是周末,我想向她请教一下狂吃不胖的独门秘籍。

这不,刚吃完晚饭,就看到她打开一包浪味仙,还另吃了两块布朗夫人新鲜出炉的曲奇饼。她一边吃,一边在清点着下午购物的战绩,仍和上回购买的数量相当。

"哎——亲爱的 Sherry,问你一件事呀。"连我都被自己的语气肉麻到了,刚想咨询她减肥的方法,就被她严肃的语气打断了,让我先等她清点完面前的这些口红。

"不是,我说,你每次都买那么多,是不是家里有矿啊?"我开了句玩

第四章

笑,没想到她并不喜欢这样的调侃,脸色顿时暗了下来。

我终于说出了憋着很久的肺腑之言:"只是我觉得吧,我们还是学生,用着父母的钱,有时候要稍微省点。"

"我说了,大姐,先让我算完账呗。"她有点不耐烦了,推我出了房门。我说你要记账就好好记啊,还打开微信对话框和别人聊天,聊天对象好像还是上次那个小帅哥。

我委屈地走出了门。嘿,小样儿,还害羞了不成?据说上次辅导之后,她的成绩有所提升,却在到达了一个点后,仍然停滞不前。我这倒要好好听听,你到底在闹哪样。

她的房门没有完全闭合,Sally 也不在屋内,我趴在那道门缝上,窃听她的小秘密。

"嘿,亲爱的。"Sherry 就像变了一个人似的,一下子软侬软语了起来。这位欧巴一定对你购物狂的本性一无所知。

"嗯嗯,好的,阿玛尼红管 401,我知道了。"我听不到对方的声音,只能听到她自言自语。不对呀,再娘的男生应该也不会涂口红。

"对不起,300 号橙色系已经断货了,有位亲抢在了你前面,我抢到的最后一支她先拿啦。"我对她的对话内容一头雾水,完全不知道她在说些什么。

"抱歉抱歉,我会去催店家补货的。嗯,谢谢你理解我啦。就这样,晚安。"

那么多包包和口红,又是催货又是补货的,不会是……Sherry 在兼职代购吧?我无法克制住心中的疑惑,只好去问 Alice。

"你和她当了那么久的室友,才知道呀?"她并没有半点惊讶,嘴里还嚼着辣条,仿佛早就知道了一切,活力四射的她一下子严肃了下来,"既然你都听到了,那就相互理解一下吧。大家都挺不容易的。"

我决定打破砂锅问到底。Alice 满是辣油的手夹在了我的毛呢外套上,仍然淡定无比:"答案应该很明显了吧。"

"她是在做代购吗?"我问道。

"是的,你想,她微信里有 1000 多位好友,只要有 1/3 的人找她买东西,她这一天都别想清净。"

"哦对了,还有个女的一直找她麻烦。明明是自己不眼疾手快,还怪 Sherry 没帮她抢到阿玛尼的那个色号。那人还是吴世勋的粉丝呢,我家世勋可没有这样的粉。"Alice 抖出了更多猛料。

等等,所以这么说的话,刚刚 Sherry 就是在跟那个女生打电话,提到调货的事。那根本就不是什么帅气欧巴,而是 EXO 团韩国成员吴世勋的头像!真相终于水落石出,我也终于找到了 Sherry 成绩退步的原因。

之前的谜团也算解开了。

虽然不知道她一路上遇到了哪些困难,但还是选择理解万岁。

家家都有本难念的经。

人生如戏，戏如人生（上）

关于身边同学做代购的这件事，我打算睁一只眼闭一只眼，当作什么都不知道。尽管按照目前的局势，Sherry 的做法很大程度上影响到她的成绩，不过我认为最重要的还是先管好自己。如果她把我当成朋友，自然会与我分担她的难处。

学业进入白热化阶段。数学从最初简单的因式分解升级到现在的二次函数图像，内容已经追上了国内的数学教学水平了。我也陷入了迷河之中，数学成绩逐日下降。

Andrew 先生对我抱有希望，希望我能课后多多向他提问。我当然也想多多请教这位帅哥鲜师，交流之余，还能养眼。可后来考虑了一下，我的问题要是太幼稚怎么办，我的短板岂不是全都暴露了？像我这么傻的女子怕是全世界找不到第二个了，我马上打消了念头。

正当我且行且惆怅的时候，Ross 女士找到了我，给我看了目前的数学成绩。8 月中旬开学一直到 10 月初，我的成绩一直保持在 95 分到满分的区间，有时候还会因为附加题，一路飙升到 100+。而到 10 月中旬，成绩明显下滑，满分几乎不复存在，一直在 A-到 95 分的水平。然后一直到现在，10 月底，我的数学成绩就像坐了滑梯，一次大考甚至跌至85分。这是我所有学科里仅存的B+。

Ross女士一直很看好我，希望我能找到问题所在，恢复到最初的水平。

"If you need help, I will get somebody tutor you." Ross女士说，如果我需要帮助，她可以安排一个人辅导我的数学。这件事需要赶快落实，因为我在数学拓展班，一旦跟不上大部队节奏，随时有可能会被自己拖下水。我也是一个顾全面子的人，怕被学长笑话，但放弃治疗的结果就是一落千丈。半晌，我打消了自己犹豫的念头。

"Please do that. That will be really helpful.（当然，这将会很有帮助。）"我欣然接受。

我不知道她给我安排的辅导员是何方神圣。

这天放学，Ross女士给我发来一条简讯，让我去宿舍门口的长椅等待这个人的到来。手表上的时针已经划过了半个圆圈，我迟迟未见这位神秘老师的身影。

Anna学姐、Watson和Jackson是三个可能性最大的人选。Watson在前一阵的篮球比赛中担当了主力，最后一个三分球稳胜隔壁队伍，为校争光。无数小迷妹在场下欢呼雀跃，呼喊着他的名字，我当然也是其中之一。我反复祈祷他能够成为我的数学老师，又是念经，又是祈祷的，最后迎来的却是Anna。

我的少女心哪，又落空了。

世界本就不公啊，每个人的周围都有这么一个才貌双全的女神。

认识Anna那么久，我就没从她身上找到任何毛病。本以为她的理科会略欠一筹，但她居然担任起了我的数学老师，那我可要硬着头皮期待一下。

第四章

"Vivian，他有点事，还没到，我先大致看一下你们学的内容。"Anna学姐微笑着说。

"难道你不是我的数学老师？"

"我给你找了一个更好的。"她神秘地笑起来，看着远处，"哦，他来了。"Anna起身，径直走向面前的3点方向。

我顺着Anna学姐的方向看去，没想到来的人竟然是Watson。

这是我第三次见到穿校服的他。平时很少会在学校里看到他的身影，也就在午饭时间，我才有机会偷偷瞟他一眼，养眼也养胃。他就像是一个行走的衣架，穿衣有肉，脱衣嘛……我也没见过。任何衣服穿在他身上都别有一番风味，就连这套可以把所有人都同化成一个模子里刻出来的校服，他换上，就像小说里的禁欲系男神。

我站起身给Watson学长拉出椅子，示意他坐下。

Anna扑哧一声笑了出来，也不忘开涮我几句："我来的时候你都没对我这样，他一来，你就给他拿椅子。这区别，啧啧啧。"

我有点不好意思，但是一时间也不知道要说什么反驳。

她看了一眼时间，拍了拍Watson的肩膀："我要走啦，Vivian就交给你咯。好好辅导呀。"她说完还暗示了我一个眼神。

Anna学姐一走，场面顿时安静无比。周围人一个个路过宿舍，避免不了地看向长椅上的我和他。Cindy路过我们，投来一个意味深长的眼神。Sherry和Alice也正好来这里取包裹，Watson正好拿出我笔盒里的一支笔在我的书本上做记号，她俩不约而同地"噢"了一声。

"好了，我们开始吧。"就算是换了个身份，他还是如此温柔似水。他让我圈出了这一页所有不会的题，我扫视了一眼，大概有半数以上。

"要不，我先自己消化一下吧。"我用起了苦肉计，可怜巴巴地看着他。

他仍在拜读着之前那本《宏观经济学》，还坚持用笔记本写下知识要领。我也不甘示弱，回到练习题前的教学部分，决定先自学，有不会的题再问，也能稍微在男神面前争点面子，人不被逼到绝路是不会改变的。

我发现这一章的内容并不难，我反复看了好几遍例题，再套取公式，完成了第一道题。尽管内容很枯燥，需要套取抛物线在不同形式下的公式，但我还是一道道地对照解析的内容，完成了之后的几道题。

"你这不是都会吗？"Watson 的质疑着实让我接不上话来了。

"呃，我，其实还可以，只不过上课有点走神了。"这可能是我的最好解释。我和他间隔几十厘米，近距离观察到那自带天然优势的桃花眼，怪不得看任何人都一副含情脉脉的样子。

我下意识地把我全部的注意力聚焦于下一道题上，这道题比前者有所不同，函数图像呈规律的延伸状，似乎不能用常规的抛物线公式解决。终于，这个数学老师要派上用场了。

我把那本书轻轻地推到他面前，他二话不说就帮我推导解题思路。我这才注意到他是个左撇子，一手转着笔，一边还碎碎念着题目，微微皱眉道："这道题，只要连接 AP 两个点，做一条垂直辅助线，然后套进 B 公式算出 a 的值，最后……"

"把它再代入那个点，求出 C，是不是？"我恍然大悟。

"是，没错。"他点点头，想不到我领悟力那么强，"你这思路挺清晰啊。"

"多亏你点拨啦，我才能披荆斩棘，一路向西。"

"看不出你也挺逗的。"他的脸上露出了那招牌的微微笑意。

第四章

男神的力量是强大的，当杂草绊住了脚跟，他的出现足以使得你一路开挂，打败眼前的大BOSS。

你知道吗？人这一生大约会遇见上千万人，其中会有几万人与你彼此相识，几千人与你彼此相知，只有二三百人，才真正参与进了你的生命里。认识他不容易，错过会很可惜。

我了解到Watson的爱好不仅仅是经济学和运动那么简单，他也会偶尔看看老电影和古典文学。

最有趣的是，我还亲眼看到他的歌单里置顶着梁静茹的歌，电脑里还下载了几集《欢乐颂》。这些令人意想不到的兴趣爱好召唤着我好奇的灵魂，我打算慢慢了解，一探究竟。

今天是上次选角结果公布的日子。我拉着Alice，早早地就等候在了布告栏前，结果发现那块板上还是干干净净的一片。

"你急个屁啊，等明天再看也来得及。"上午的最后一节课刚结束，她就被我拖来，连午餐都没赶上。

Smith夫人仿佛披着上帝的光环，从食堂的方向走来，她向我们致歉，刚刚在吃饭，晚公布了竞选结果。稍事平静了一下现场同学的秩序后，她将那张写满角色配对的纸贴上白板，大家这才一窝蜂地凑上前。

我的第六感一般还算准，我感觉老师会把我第二次试演的成绩归入考核范围内，我也会因此拿到个还凑合的角色。

我已经看淡结果了，Alice现在反倒比我还激动，那小身板拨开人群就挤了上去，指着前几排某一行名字："秦小柔！你看，你咸鱼翻身啦！"

一张简单的A4纸分为了三列，第一列是Play（剧名）：Magic Typewriter

（《神奇的打字机》）；第二列是 Character name（角色名）；第三列是 Actor name（演员姓名）。我在 Alice 手指的方向准确找到了自己的名字——Vivian Qin，又看到自己饰演的角色——Ashley Liu，正是我被安排到的那个华裔女孩儿！我知道结果一定不会太差，但没想到会出乎意料。好运还挺眷顾我，一切都在我的期望之中。

"你太让我高兴了！" Alice 犹如打了兴奋剂，激动地一把抱住了我，"我就知道你会拿下她的。"这个角色尽管连女三号都沾不上边，怎么说也算是男主成长过程中的一段回忆。

Alice 置自己的角色于后，第一眼关注到的就是我的角色，这让我有点感动。

老天总不会辜负善良的人，她成功获得女二号的席位，即将演绎男主角落魄时期的灵魂伴侣，也是他前进路上必不可少的动力。

Linda 众望所归地获得了女一号的角色，男主则由一个玉树临风的英国男生饰演。女一号怎么样也该是个女神般的存在，而这位微胖女生精致的 V 脸和粗壮的大腿浑然不搭。在我的印象中，男主也应该是一个丧失志向的窝囊废，这个帅哥又怎么能演绎一个在穷苦状态下的屌丝呢？

不过这些都不关我的事。

"这个结果我很满意。"我的双眼皮贴都快被眯崩了，喜悦全都加速成了十足的马力，我使劲摇着 Alice 的手。我们两个都沉浸在这欢乐的气氛中，这种感觉真好。通过自身努力，心安理得地获取属于自己的东西。

我对补考前 Alice 的金句仍记忆犹新：别人的我绝不会抢，属于我的也绝对不让。

她要是个男孩儿，一定撩妹无数，而且会有无数小迷弟天天上门取经。

第四章

"我这次也算立下大功了吧。"她原地摇摆起来,那得意的语气与她迷人的形象相当不搭。"得请我吃饭。"她又向我抛了个Alice招牌式媚眼,随性地扬长而去。

人生如戏，戏如人生（下）

生命中存在三种朋友。第一种能与你同患难共享乐，第二种只与你分享欢乐；第三种就厉害了，只愿与你一起患难，拒绝同乐。

看到竞选结果我的心也定了，数学考试还拿到个满分，这个分数当然要归功于 Watson 给我的动力。要说他帮上了什么忙，还真说不上，几乎都是靠我自学，但是由于他的出现，让我更加努力。

这也证明了只要动力够强，我有能力解决任何疑难杂症。

估计是我和 Alice 的情绪感染到了大家，今天的整个下午所有人的情绪都是明朗的。

我特意放弃了课后社交，一放学就跑到 Sherry 房间与她分享这份喜悦。

没想到 Sherry 冷不丁说了一句："哦，恭喜呀，然后呢？"

我也就纳闷了，什么叫然后不然后的，我告诉你这些好消息是把你当朋友，你这不屑的语气听着就让人不舒服。

我刚想开口，也怕自己说出气话，想了想便掉头到了 Cindy 房间，我想把这件事分享给 Cindy，此刻的我恨不得让全世界都知道我拿到了那个重要的角色。

第四章

"Awww（语气词，表示激动），Vivian, congratulations! I know you can do it!（恭喜！我知道你能做到。）"没等 Cindy 开口，Fiona 就带动了气氛，与我击了个掌。

Cindy 可谓是两耳不闻窗外事，一心只读圣贤书，头上戴了个大耳机，与周遭隔绝，不过她还是听到了我说话，回复道："知道了，知道了，先让我做完这道数学题吧，姐。"

这两人今天的反应有些反常，都对我的竞选结果熟视无睹。

但是我并没有把她们的情绪当回事，我还沉浸在得到角色的喜悦之中。

接下来的两周，我每天放学都会准时报到，参加排练，万圣节那天也不例外。所有人都扮成各种稀奇古怪的造型，挨家挨户要糖，我直接带妆和公主服饰前往话剧厅。

Alice 与我共同进退，做作业、吃饭、对戏都在一起。

美国人的排练方式和我往常接触的有所不同，通常来说大家会随顺序演出台词，自己的场景结束后，就可以卷铺盖走人。而在这里，哪怕自己的桥段已经结束，也必须坐等整场戏到老师满意了为止，要持续到晚上九十点。

每次轮到男女主之间的对手戏，我都想对 Linda 大叫：放开这个小哥哥，让我来。这样逆天的颜值要让我 Ashley Liu 怎么拒绝！

他的外貌确实比剧中设定高出许多，他完全没有半点偶像包袱，该卖惨的时候就卖惨，该耍帅的时候也帅得过贾斯汀·比伯。Smith 夫人说，她这么做的目的，大概是为了营造一种反差萌。进入角色与他对戏时，我感到自己的双腿都在颤抖，帅哥恐惧症又犯了。

晚饭时间，大家都会叫附近的比萨外卖，通常也就扒拉几口，排练又要继续。完成作业的时间就像挤海绵里的水，挤挤总会有的。

最委屈的当属那些只有两三句台词的小角色。Jackson 就是其中之一，哪怕他的认真程度加起来是我和 Alice 的两倍，由于口音问题，现在还是沦落到客串背景墙里的一个群众演员，台词都不足我的一半。

就这样经过一阵子的摧残后，公演正式开始。老师交给了我们宣传以及售票的任务，每个人都可以拿到两张免费票分给自己的小伙伴，招揽更多人前来观看。

"难道是没人愿意来看我们演出吗？"我有点不理解地问 Alice。

"没错，就是这样。"她看穿了校方的如意算盘。

说起赠票，我第一个想到的人就是 Watson，他的镇场可以给我增添无限动力。

我悲观地想，像他那样的学霸，宁愿用两小时的黄金时间学习金融，也不愿意来看我们这愣傻的演出。

但是我还是想试一试，说不准他哪根神经搭错就答应了。

在这个空闲的下午，我溜进男生宿舍，找到了 Jackson。嘱咐他一定要把票亲手塞进 Watson 手中，他神情有些意味深长地看着我："不辞辛劳地送来，莫不是有什么情况？"

我随便说了两句话敷衍他，避免他再追问下去，便很快地离开了男生宿舍。

希望 Watson 拿到票后会来看我们的演出，如果他能来，我一定会非常开心。

我得知 Brown 夫妇和 Ross 女士都会拿到票，所以我把第二张票留给了 Sherry。

第四章

她去朋友家玩了，那张票被我放在她的书桌上，另附加了一张字条：希望你能来看我的演出。

周一放学就是公演的第一天了，我在英语课上遇到了Sherry，问她是否拿到我给她的票。

我认为她会激动无比，可她似乎对这件事并不重视，敷衍道："我刚回来，没注意桌子上的东西，回宿舍就能看到了。"

我真想不通了，这演出应该没有那么糟吧，为什么她一副不想看的表情。从开始到现在，她都没有露出半分替我开心的喜悦，我以为朋友的进步和快乐也会影响她的朋友，没想到在Sherry这里，完全不是这么回事。

我怕Jackson误解了我的用意，没敢斗胆去问Watson关于赠票的事。就希望这个传票人能靠谱点，票子乖乖落到他手上，其他都是小case。

今天仍然照例，一放学就赶到剧场，整部戏过完了两三遍，就开始正式表演了。观众陆续填满了场子，我满场寻找Watson的踪影。留给他的六排七座是个非常显眼的位置，照理来说一眼就能看到他。我在后台观望了好一阵，人群逐渐密密麻麻起来，Sherry都到了现场，与Sally，Cindy和Fiona等人并坐一排。就是没有在人群中看到那个熟悉的瘦高个儿。

看来Watson是不会来了……

我有些失望地回到休息室，全神贯注地排练起剧本。

我不断地告诉自己，他的到来对我来说已经不重要了，我的本职是演好我的角色，这才是对所有主创最好的回馈。

监视器内能看到剧场观众席之外发生的任何风吹草动。我一直在心里安慰自己，但心里还是惦记着Watson的到来。

道具组已经拉开了庄严的红色幕布，两位领衔主演缓缓走进了观众视野，淡定自若地做完了自我介绍，第一场第一镜第一幕，正式开始。

  Linda的演技和镇场能力让全场都炸开了锅，平日里的她就是典型美国农村大女孩的羞涩样，一上台就全面开挂，活灵活现地演出了一个拜金女该有的姿态，治得男主服服帖帖的。

  后台的我，反复检查着自己的妆容，要不是Alice好心提醒，我的眉毛都快被描成了蜡笔小新。

  我才发现我真的有点紧张，毕竟这是我来到得州第一次上台表演，还是在全校那么多师生面前。

  终于轮到我上台了，我深深吸了口气，调整好自己的呼吸走了上去。

  舞台上巨大的镁光灯晃得我有点刺眼，照映在漆黑一片的布景板上，使观众的注意力更能聚焦于演员身上，一抹黑颜色也恰是对男主看似丰富生活的反讽。一览众山小的感觉，能清晰看到台下每个观众的面容与表情。

  我不敢去看Watson的位置，害怕希望落空，直接开始我的表演。

  这场戏的第一镜就是男主追着我跑，我意识到冷漠无效，回头无情地抛下了这句一针见血的话："I have no idea why you are into me, but I'm not into you.（我不知道你为什么那么喜欢我，但我不喜欢你。）"

  尽管之前已经排练了好多遍，但看到他那张人畜无害的脸时，还会犯花痴。我仿佛自己就是那个自信外表下藏着自卑的ABC女孩，他递来一束塑料玫瑰花，我当着他的面扔进拐角的垃圾桶，转身又默默擦干恨铁不成钢的眼泪。

  最后一次追我，甩开他是她最好的选择，只有那样，才会让Ashley Liu继续优秀下去。

  "做梦吧你。"这句话是软弱苍白的，她喜欢他，但她无法成全他。

第四章

我触景生情,眼里含着泪花。高境界的喜欢等于放手,希望这位作家能永远沉浸在梦里。场下95%的观众都是本校师生,自然听不懂Ashley Liu在说些什么。

然而,大家都在久坐后站起身,给予我这个角色热烈的掌声。

我演出了她的无奈,也演出了她个性的精髓。我看了一眼观众们的反应,有人捧腹大笑,也有人抹掉了眼角的泪水。

这场表演,应该算是发挥到了我最好的水平。

就在走下舞台的那一瞬间,我看到了那个熟悉的身影,坐在观众席中央的位置。他也发现了我的视线,朝我这边投来暖心一笑,霎时间就像一道和煦的阳光照入心田,温暖了整座失望的孤岛。

我避开他,同时也避开了万众瞩目,直溜溜顺进后台。我的每一个细胞都因Watson的闪现而复活了。前一秒我还非常满意自己的表现,后一秒就开始担心自己有什么不足之处,会不会被他收入眼底?

之后,他人的表演我都没有认真看,Alice仍旧惯常稳定地发挥;Jackson也花了好多时间矫正自己的东北腔,发音标准了许多。不愧是同名本色出演,他一个书呆子都能演活出版社大老板的阔气,说起话来还有那么一丝气宇轩昂。这种另类的反差萌也得到了大家的认可和掌声,男主的表现都略逊一筹。

公演已告尾声,幕布再次拉开,主创人员手牵手,给观众鞠了90度的躬。那么多天的付出在一夜之间开出了最美的花儿,我也发现了自己的潜在驱动力,可谓一举两得。

我简单地用湿纸巾擦去了厚重的粉底,换上休闲装,舒了一口气。脱离琐碎的学业生活,这一刻才是真实的我。

"Vivian你先别走。"Alice叫住了背起包就准备离开的我,"待会儿还有庆功宴呢。"

公演结束后,校方会举办一个简单的庆功宴,会有人给欣赏的演员献花,也会有好吃好喝招待着。不过,得到鲜花的肯定是Ashley Liu,而不是Vivian Qin。

这样的场合我也屡见不鲜了。一定会有无数人对男女主角一番褒奖,他们也会收到各式各样的鲜花,我只是个小透明罢了。

"算了,我还是先回去了。"我识趣地跟Alice道别。

"等等……先别走。"一个熟悉的声音传入我的耳朵,磁性又具有治愈力。

我一转头,Watson抱着一束花,微笑地看着我。

幕布下的夜光之中,他的目光似舞台上最闪耀的一束光,只要他看到你,你的周身似乎都散发着不一样的光芒。

他站在远处,清秀干净的脸庞与我遥遥相望,我仿佛听到自己心跳的声音,一声一声回荡在我心里。

被自己格外崇拜的学长送花,这代表着对我的认可。我能有多骄傲呢,不堪一击好不好,一碰到你啊,我就被撂倒。

第五章

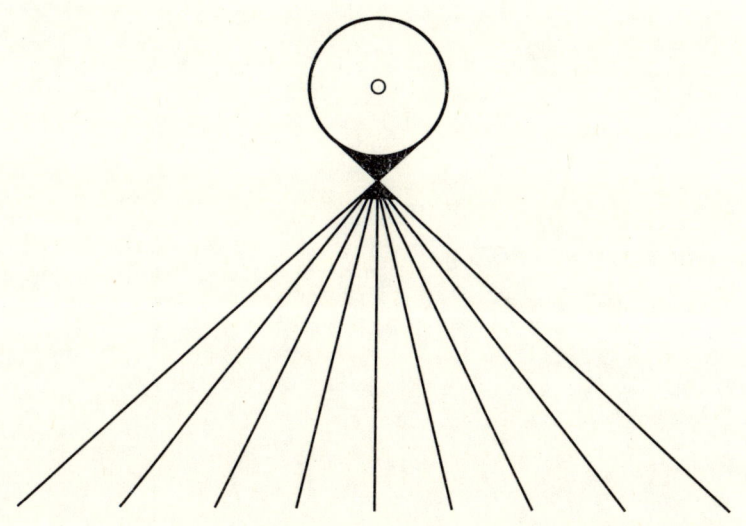

最初信仰

小柔的春天

他的每次出现，都能很大程度影响到我的情绪。

熙熙攘攘的人群，大家的注意力都聚焦在光彩照人的男女主角身上，很少有人会看到我们这些小透明。他们都一窝蜂地跑去和两位主演合照留念，献花的也不占少数。

可是他站在那里看着我，仿佛就是为我而来。

Watson捧着花，笑意盈盈地和Jackson一起走到我面前。

他手里的那束花其实是几枝小向日葵，并不是什么象征着特殊意义的玫瑰。我起初还惊讶地以为自己在做梦。

他先把一束一模一样的花送给Jackson："祝贺你呀。"

"哇，我居然有花收，谢谢。"Jackson拿过花。

他转过身把剩下的花送到我面前："今天的表演特别棒。"

"我还以为你不来了……"我接过花，心里却非常雀跃。

"学妹的表演，作为学长必须支持。"温柔似水的双眼看着我说道，"表演很棒，有当演员的天赋。"

他的每一句赞美都如此简短而真诚。我抱着那束花，准备回去后就把它

第五章

供起来，拜上三拜。

"哎哟，我也是学妹，我怎么没有花呢。"Alice 用撒娇的语气开起玩笑道。

就在此刻，休息室外关闭的门再次被打开，迎面走来了一个高大帅气的男生。他有一米八以上的个头，皮肤是健康的小麦色，看起来像是从小在美生活的华裔。他的身材看起来十分健硕，像是画报中走出来的健身模特，一看就知道是美国妹子们的菜。

"对不起，我来晚了。"穿着随意的他手捧一束玫瑰，交给了 Alice。

她显然有些不开心的样子，接过玫瑰花，噘起小嘴儿。

"Billy？"Sherry 刚刚还窝在角落里的那张大沙发上和 Sally 讨论着 Instagram 上的美食图片，一看到他，就直起了腰板，"你怎么在这儿？"

他们似乎是很熟悉的朋友。

"我……我来……看看……"这位名叫 Billy 的男生不是很善于用言语表达自己，一时半会儿答不上话来。

Sherry 看到了 Alice 收到的玫瑰，便明白了他来这儿的用意，乖乖闭上了嘴，继续和 Sally 聊周边的网红店。

"你们先玩儿。"Alice 跟我们打了个招呼，把 Billy 支到了一边去。大家也都是明眼人，自然留给他们充分的空间。

"兄弟，你也不错，就是要向人家学学，再多练习下发音。"Watson 捏了捏 Jackson 的肩，帮他整理了一下飘到额前的那撮呆毛。

没想到 Watson 还有那么闷骚的一面。

Sherry 和 Cindy 等人也在休息厅里，默默坐在角落的沙发上，像是被冷落了的样子。

我刚准备拉上 Alice，感谢一下她们来给我们捧场，突然听到与我同一数学课的 Sophia 叫我的名字。

美国人的确是以热情著称，她360度环绕式地抱住了我，差点儿就以体格优势把我举了起来。

"Vivian, I really really like your performance！（我真的真的太喜欢你的表演了！）"纵使我俩的交流不多，也能看出这位同学是发自内心地为我骄傲。

她的行为引来了一波同学的注意，一些观众与主演交流完毕后，居然跑到了我和 Jackson 身边。

我就像是个玩具一样被左拥右抱，前拖后拉，沉浸在妹子们的海洋中。外国同学们都对我的表演赞不绝口。

整个休息厅内充斥着英语版的商业互吹："Vivian, it was absolutely fabulous（这简直太酷炫了）""Vivian, oh my god, you are a genius（我的上帝，你就是个天才）""Vivian, you stunned me（你惊到我了）"……

我的感谢之情都体现在表演中了，只能一个挨一个地"三克油"过去。好多人团团围住了我，此时的感觉犹如众星捧月。

"Congratulations! The future film star Vivian Qin.（恭喜未来的电影巨星秦小柔。）"Fiona 张开双臂，我没有跟她说一句客套话，给了她一个出其不意的熊抱。Sally 见势，也一把抱了上来，把我俩团团围住。

我转眼看见了窝在门口窃窃私语的 Sherry 和 Cindy，摆摆手示意她们过来加入我们狂欢的阵营。

"我们先回去啦。"Sherry 抬起了头，牢牢抓死 Cindy 的手。

"对的对的，我们还要回去写作业。"她也跟风道，"加油哦，Vivian，回头见。"

第五章

我正纳闷,这庆功宴还没结束,两个人跑得那么快想干吗。Alice 和一旁的 Billy 还在为了一些事闹得都快吵了起来。只见 Billy 展开霸道总裁般的攻势,一把握住 Alice 的小手臂,把她推到墙边的角落里。

"咦,成年人的世界,少儿不宜呀。"我故意捂上眼睛,假装自己什么都没看到。

Billy 的到来让原本的气氛热乎了许多。Watson 闷骚的一面终于展露无遗,与 Jackson 咬起了耳朵,我隐约听到了他说:"全校就我们散发着单身的清香。"

今天真是收获满满,不仅充分挖掘出了自己的表演天赋,拓展了外国交友圈,还了解到了这位高冷男神的另外一面。

回到宿舍,我仔细地洗去脸上的浓妆。

Sherry 正巧进浴室洗手,她的神情有些不悦,可能是又遇到了什么难事。

"你怎么啦?好像不开心的样子。"我好心地询问她。

她倒是云淡风轻:"啊,没什么,你别瞎想了。"

真是的,摆谱给谁看呢,有事说事,大家共同解决。好心问她却完全不给我面子。

我逃离这片是非之地,走进客厅,发现 Sally 正捧着一大桶家庭装的乐事薯片和几根能量棒,机械地一个个填塞进嘴里,这吃东西的架势活像饿死鬼投胎。

我要让自己远离这些复杂的人类情绪,前一天就约定了晚上 10 点与父母视频聊天,便准时拨去了电话。

"喂,妈妈,我跟你说,我今天表演刚结束嘛……"话音刚落,Sally 一手捂着嘴,一个箭步冲进了我的卧室,面容憔悴,身体像是透支了一般,我赶紧挂掉电话。她的嘴边似乎溢出了什么，全靠她的手掌托住嘴边的流体。我意识到问题有点严重，急忙避开身，递上了纸巾。可惜到了危急关头，她已无法控制住胃蠕动，呕吐物以喷射状的形态溅到了我的床单。

一时半会儿我都没反应过来。

"对不起Vivian，真的太抱歉了……"她连声道歉，回去拿了湿抹布来收拾，可那白皙的被单上，依旧黏附着残留的透明液体。

望着眼前一地的呕吐物，我心里直犯恶心，可是看到她自责的样子，我又无法开口发泄心中的愤怒。

我对Sally的突发状况不得而知。她日常生活中积极阳光，是校体育队的主力。

"你今天怎么回事？你身体有什么问题吗？怎么会突然吃那么多东西？"

"我没……没什么事情……"她遮掩地说道。

"你确定没问题吗？"

"我真的没事，希望你能帮我保守这个秘密。"今天这样的状况肯定会引起校方重视，从而关注到她日常的身心健康，因此Sally希望我能保守这个秘密。

好在她还算诚恳，亲自替我换上烘干机里干净的被褥。我憋的一肚子火气稍微消下去些，不过对别人的生活用品还是心生芥蒂，满脑子都是她呕吐的画面，始终过不去这一坎。

我突然想到了Sally暴饮暴食的画面，这一定和之后的表现有千丝万缕的联系。我在谷歌搜索栏内输入了以下关键字："eat a lot, vomit"，弹出来的每条搜索结果都显示着，她的病状是暴食症。

暴食症，英文学名Bulimia，属于进食障碍的一种。大家一定都了解厌食

第五章

症,而暴食症则是与其有共同特征的反体,症状表现为大量进食后催吐,以防止体重增长。患此病的原因有很多种,其中最为显著的就是青少年身材的互相攀比。依据症状,我基本确定她患上了暴食症。

Sally 在闲聊时提到自己正在接受心理治疗,当时大家都半信半疑。在不伤天害理的情况下,我答应她保守秘密,除非危及了身体健康。

前一晚的话剧表演果真给我积攒了大量的人气,今天的我走在校园内,感觉整个人都在发光。走进英语教室,大家都热烈祝贺我的首次公演圆满结束,褒奖我的演技惊人,夸张到都可以在好莱坞出道了。

Sherry 被外国同学们冷落在一旁,为了缓解无聊的气氛,她开始玩起了手机。我、Jackson 和 Alice 给中国人的害羞形象争回了脸面,明明只有 300 人去了现场,但我们的名声似乎传遍了全校。就连午饭时间,都会有本地学生来套近乎。

放学后,一回到宿舍,就看到 Sherry 和 Cindy 坐在客厅沙发上打游戏,气氛恢复了正常,我也放心了。我换上了刚烘干的床单,以最慵懒的姿势趴在了床上。

她俩打完一局游戏,回到了隔壁房间。

"我觉得那话剧好垃圾啊。"我听见 Sherry 和 Cindy 在交头接耳。

我直起身子,隔着房间听别人的对话也别有一番刺激。

Sherry 开口道:"是啊,不知道 Vivian 和 Alice 有啥嘚瑟的。"她和 Cindy 吐槽着我们话剧的种种毛病,随后又聊起了昨天 Sally 发生的事。

"你知道吗,昨天可搞笑了,我那室友吃太多,哗啦一下全吐在 Vivian 的床上。"

"我靠,这也太恶心了吧。"

"就是啊，跟个小孩一样，什么暴食不暴食的，全是借口，还不是自己控制不住饮食，全靠催吐。"

"还好没吐在咱房间，Vivian 真的可怜。"

听到这里我有些愤愤不平，疾病并不是自己的选择。Sally 那天的举动确实遭人嫌，但也不是她能控制的，拿他人的痛苦作为乐趣实在是令人齿冷。

房间的隔音效果特别差，她们自以为正在讨论国家机密，实际上每字每句我都听得一清二楚。

"还有，你记得昨晚有个肌肉男特地来看 Alice 吗？"Cindy 提到这件事的语气尤为兴奋。

"这人我认识，我出国前一起学托福的同学。他就在隔壁学校上 junior（高二），根本不是来看 Alice 的。"

"什么鬼，他就是特地跑来，看 Alice 表演的啊，结果没赶上，献了一束花就走了。"

"都没看到她演出，说这些有个屁用。"

"可是还是很感动啊，他就是特意为了 Alice 而来的，还把她壁咚了呢！"Cindy 越说越激动，传到我耳边的内容也越来越清楚。Sherry 居然也炸毛了，吼道："别提他们了，换件事说说不行吗？"

可见 Sherry 对 Alice 和 Billy 的感情状况尤为敏感。

"还有一个劲爆消息，Watson 给 Vivian 送花了。"她与 Sherry 分享起昨日的趣闻，"一个平时超级高冷的学霸，给 Vivian 送花，简直是难以置信。"

Cindy 特别强调了我的名字，表现出她的嘲讽与不可思议，"你说他们不会是……我的天哪，我还以为 Watson 已经跟 Anna 在一起了。"Cindy 一人自言自语，我一听到 Watson 的名字又与 Anna 学姐联系到了一起，整个人都振

第五章

作了起来，准备仔细听。

"我也觉得，只有 Anna 和 Watson 才是绝配。" Sherry 调高了这句话的音量，仿佛刻意让我听到。

她谈及两人是多么契合，又是多么有渊源："据说，Watson 喜欢过 Anna，但女神对他不感冒。今年他瞄准了新来的小学妹，差的不止一个 level 啊。醉了。"

我实在听不下去了，直接一个后转体，从床上翻了下来，想去秋后算账，顺便一探究竟。

不行，小柔同学，你需要冷静，还需要有点自知之明。Anna 学姐本来就比你优秀漂亮，Watson 追求她也是再正常不过的事。

"可惜啊，就像人家扔掉的东西，掉在了别人手中。" Sherry 说话丝毫不留情面，甚至有些尖酸刻薄。我心甘情愿接受 Watson 喜欢过 Anna 的事实，但我坚决不认为自己是一个备胎，Watson 也从未正面表达过对我的情感。

我的自尊心战胜了忍耐，遇到侮辱必须要为自己出头。我直接冲破了两道门，哭红了双眼，站在她们面前。房间和走道内都鸦雀无声，就像是有人精心给我们的辩论赛铺设好了场地。

"Hi……" Cindy 难以掩饰住自己的惊吓，装模作样地跟我 say Hi。

Sherry 的演技更高人一筹，两只小眼睛像电动马达似的眨巴着，毫不意外于我的出现。

"你说这话什么意思？"

"没有什么意思，我只是在陈述一个客观事实。"

"客观事实就是编造子虚乌有，加工成垃圾送到别人耳边吗？"

"我说了什么，至于让你那么激动？"

"我 level 再低，也比你们高出一座山。有些东西被人扔掉，并不是在于它的自身价值，而是在于它物有所属。"

我说完这句话夺门而去，抛下无言以对的八卦二人组。

我在心里怒吼，Sherry，是我看错你了。Cindy，你也不是什么省油的灯。

夜晚我迟迟难以入眠。关了灯，打开，再关上，又重新打开。这个动作重复了十几次，完全没了睡意。

我借着被窝里夜读小灯刺冷的微光，感觉那是一双黑色无情的手，正在一点点敲醒我。

黑夜，是胶原蛋白的杀手，也是使人清醒的利器。Sherry 和 Cindy 的话回荡在我的脑海中，让我感觉齿冷。

生活可能就是一场花样百出的好戏，有时葫芦里卖着甜酒，有时卖着毒药，其中一种毒药的名字叫嫉妒，另一种叫贪婪。

七宗罪中，光是妒忌和贪婪就占了两项。

水落石出

到美国的第一天,父母就反复提醒我要学会做人,能忍则忍。现在的状况已经一发不可收拾,还严重地影响到了我的名誉。

我意识到这件事的严重性是在一个工作日的中午,我与同学打招呼时,大家前所未有的冷落态度,把我吓得肝颤。就 Alice 还乐呵着,对所有事的发生一无所知。我起初认为是自己的多虑作祟,事实却是背后捅刀子的人创造的一片苦心。

我非常寡淡于陌生人对我的看法,只害怕他会受到牵连。

没事,清者自清,我做好分内之事,任时间淡化一切。

课后,英语教室,一只白皙的手拍到了我的书桌上,算不上是纤纤玉手,却也是一双清秀的手。我高兴不过三秒,天真地以为是 Watson 前来拯救我无助的灵魂,我抬头一看,发现是我数学课上的最佳拍档 Sophia 亲自担任走读生代表,打探我的情报。

她与学校里其他爱美的白人女孩儿不同。别人每天上学都会化妆,而且有极个别人画着烟熏眼影来上学。她就是最清汤挂面的存在,除了那副哈利·波特同款的眼镜,全身找不出一处值得褒奖的地方。据经验判断,她一看就是美国人口中的 nerd（书呆子），事实证明，她还真是，就连拍桌子的气势都散发出学神的味道。

"If that's not real, I'm still your friend; But if that is real, I think we're no longer friends." Sophia 的出现有些莫名，这番话也有些莫名的刺耳，她说：如果这不是真的，那我还是你的朋友；如果这是真的，我觉得我们连朋友都不是了。

我猜想一定是 Sherry 和 Cindy 在背后搞鬼，但没想到她俩捏造假象的能力会波及我的本土学生社交圈。

"什么真的假的？谁说了我什么吗？"我问 Sophia 她们都说了些什么。

她摇了摇头，表示拒绝透露。

我心里暗想，这两个人可真狠，我一定是上辈子欠了她们五百万，才修来这样的玻璃心舍友。我向 Sophia 表达清白："愿意相信我的人还是会站在我这边，相处三个月了，大家自然知道我的为人。"

国外的女孩儿性格比较直爽，也有许多如 Sophia 一般心地善良。她也是个藏不住秘密的主儿，她听到我这样说，就把所有事都抖了出来。

"她说你不但不理解宿舍内某同学的暴食症，还怪她吐在了你的房间。她说你喜欢某位 senior（高三）的学长，但他只把你当作备胎。"

"别别别，别说了。"我赶紧打住了她，同样的编造内容，听多了也会腻。

"The last one!（最后一个！）"她叫住了收拾教室的我，"你是不是第一次试镜结果很差，开后门才得到的第二次机会？"说完又强调了，"That's unfair.（这不公平。）"

所有的污蔑都可以接受，唯独无法接受的就是他人理所当然地认为我不

第五章

劳而获。

我拍案而起，论小宇宙爆发的脾气，没人比得上我。Sophia 吓得后退了两步。

我向她解释了自己当天的状况："我作为一个初来乍到的国际学生，对美国这边的制度不了解，也没有人告知我需要提前预习台本。便向戏剧老师合理地争取到第二次机会，重新得到属于自己的角色。"

"Really？"

"Really."

"Ashley Liu belongs to me." 我补充道。

没错，这个角色属于我。

Sophia 幽蓝的眼神坚定地看着我："I trust you."

除了本土同学外，话音也传到了舍友和 Watson 的耳朵里，想到这些，我有些烦闷。

今天本该是美好的一天，客厅大桌子上整齐摆放着布朗夫人烤好的饼干，大家都拿着公用的小碗，拿上两三块饼干，在沙发上聊天。这些搞事情的人，如同搅屎棍一般搅烂了我的生活。整个宿舍的同学都无视我的存在，自顾自玩得正嗨。

Alice 背着沉重的书包刚走进宿舍大厅，就被我一把拦住。

她显然不知道我和那两位目前的局势。

"你过来，我跟你说。" 我连推带哄着她到了我房间。

Ross 女士给 Sherry 安排了课后的补习，Cindy 也消失了踪影，现在是个好机会。我把整件事的细枝末节都诉说给了 Alice，毫不留情地供出了两位始作俑者，她的淡定着实让我吃惊："我就知道是她在搞事情。" 她又叹了一口气,说道,"我早就习惯了。"听她的语气,不难看出 Sherry 一直是个爱背地里八卦的人,估计也是爱撒谎的常客。

"她去年就一直这样。"Alice 拨动着指甲,似乎早已看穿了一切。

"去年就这样了?"

"对,背后搞各种小动作。"

"目的是什么?"

"两个字——妒忌。一句话——见不得别人好。"

Alice 这句话我感同身受,Sherry 的嫉妒心简直超乎寻常,而且会难过于这些莫名其妙的小事,她开朗的外表下隐藏了一肚子猜不透的祸水。我对这个人感到害怕,也同样震惊于 Alice 强大的心理承受力。

"我现在有什么解决办法吗?"我向 Alice 询问。

"只有时间才会是验金石,现在的我才不会被这些纠葛缠身。"

"可是我在乎的是,不希望我崇拜的 Watson 误解我。"我羞涩地说出了心里话。

"不会的,他是个有脑子的人,有脑子的人都不会随意听信别人对你的评价。"Alice 这么说很有道理,往日深入了解我的朋友,一定不会相信那些胡话。

"看来你还蛮崇拜、在乎屈臣氏的,找他把话讲清楚就好了。"她继续给我出谋划策。

"等等,屈……屈臣氏?"

"对啊,Watson 中文名不就叫屈臣氏嘛。"还真是这样,每次路过屈臣氏,都会看到大大的六个字母——WATSON。

不管何时何地,优秀的人都比常人付出多得多。我和争强好胜的 Alice 就

第五章

是其中的例子。她是个名副其实的撩汉达人，将 Billy 级别的男生耍得团团转，一定常备全套技巧。

"话传没传到他耳朵里我不知道，你现在需要主动去找他。我觉得他还是对你挺关心的。"她神秘一笑。

"你觉得他对我关心？"我有点惊讶，不知道她从哪里感觉出来的。

"是啊。"

"为什么？"我继续追问。

"别问为什么，就是有。"

我向来是个随性的人，既然身边有人支持，那我也就将错就错，主动献回殷勤。

我打开了许久未见的那个窗口，给那个熟悉的名字发送了简单的两个字："在吗？"

Alice 一把夺过我的手机，撤回了我的消息，"你这样，下辈子都别想跟他说上一句话。"她在我对话框里敲了一大串文字。我刚反应过来，她就点击了发送键。

"Hey，我有道题不会做，想劳烦你这位大学霸解答。"句的末尾还加上了一个憨笑的表情，"你等着吧，他马上就会来找你。"Alice 一副包租婆的模样，手叉腰自信满满道。她的确是撩汉界的一把好手，没过多久，我的手机屏就亮了。

"快快快，他回我了！"我像握了个烫手山芋一样，迅速把手机交给了 Alice，她又做了一回我的神助攻，行云流水地发了一段话："Emmm，这道题有点复杂，上次听你的课很有收获，待会儿麻烦你帮我讲讲吧。"

过了几分钟，屏幕上跳出一行字：好，老地方见。

我和 Alice 击了一个大大的掌，大功告成了一半。赶紧梳妆打扮了一番，换好衣服跑去那个熟悉的地方。

Watson 穿了一套三叶草休闲装，坐在长椅上等我。

我打开了数学书，翻到靠后的那一章节，因为照例来说，越靠后的内容越难。"你确定？"他似乎有些不敢相信我对这章内容存在疑惑。

我上前一看，居然是一元二次方程简答题。这就尴尬了，为了借机聊天，我得装作什么都不会的蠢样。他还认认真真帮我解题，以为我真的想请教他那么白痴的内容。

"其实，我是想和你说一件事。"我支支吾吾开口说出了实话，"我不知道你有没有听到那些话。"

"什么话？"他好像对发生的一切全然不知。

"就是有些人说的闲言碎语。"我补充道，想要引出这个话题。

"我从不理会闲言碎语。"他冷冷地一笑。

我张了张嘴，把原本想说的话又咽了回去。

秋日的清晨，得州的秋天出现了少有的阴天，一大早走在校园的石子儿路上，心也像地上铺满的鹅卵石一样，透出一丝凉意。

因为 Sherry 的八卦，我一晚上没有睡好，辗转中想了很多，我想澄清自己，但又不知从何说起，跟谁说。本来想和 Watson 说，可是话到嘴边却没有开口，一直去麻烦 Alice 也不是办法。

经过一个晚上的辗转反侧，我还是希望 Watson 能够倾听我的遭遇，或许在我的心里，我最渴望他能理解我。

那天上午的课程不知上了什么，我一直分心看向窗外，机械地从一个课堂移动到另一个。

第五章

终于到了午餐时间,我在一桌美国男生堆里见到了Watson。

"Hey,能……借你五分钟时间吗?我想和你说件事。"我鼓起勇气对Watson说道,我知道时间对他而言的宝贵程度。我分秒必争,先和他交代清了需要占用的时间。

"当然可以,那你也给我五分钟好吗?"Watson也借机展现了他的幽默细胞,匆忙将手中的最后一口汉堡放进嘴里。

"Yo, good luck bro!(兄弟,好运哦。)"同桌的一个外国男生向他击掌。另一个男生吞下了正在嚼着的薯条,带头起哄。等他们安静下来后,Watson随我来到了教学大楼的走廊。

"这里没有人了,想说什么就说吧。"他真的是个非常体贴的人。

我看着他,终于鼓起勇气把最近发生的事情概括一遍叙述给他听。我迫切地想要告诉他我的想法,以及外面那些对我不实的流言,他一直仔细聆听,直到我说完。

"就是这些了,我不知道你会不会相信,但是我可以保证我和你说的每一个字,都是真实的。"

"小柔,你相信意念吗?这无关玄学与佛学。"他没有直接回答我的问题,竟然称呼起了我的中文名字,那是我家人和最亲近的朋友对我的称谓,在异国他乡,在被人误伤之时,听到他人这样的称谓,顿时感到了暖意。

"我,我不确定,只是听人说起过意念的重要性和治愈力。"

"我们去那个长椅边,听我给你普及一下。"Watson一反平常的高冷范儿,主动与我聊起了意念。这里空无一人,Watson暗示我在草坪上坐下来。

"《简易经》里所述:"德化情,情生意,意恒动。意念的力量远超过我们的想象,一件事会随意念的方向,往好的方向发展,我觉得这是一种能量场。我就是这样一路过来的,所以我非常相信这些。"他坐在我的对面,如水一般的眼神充满着鼓励,"不管外界对你有怎样的流言蜚语,只要自己行得正坐得端,做好自己的每一件事,万事万物都会朝着好的方向去走。所以你也不用为这些事情烦恼,时间会洗涤出所有的真相,也会证明一个人的为人。"

这时,阳光探出了脑袋,暖融的阳光照在我们的身上,仿佛这么多天以来的阴霾都随着阳光的出现散去了。

"嗯,谢谢你,我不会再为闲言碎语困扰了。"他的话给了我很大的力量。

"这就对了。"他笑起来,眼眸中带着暖暖的光,让我的心也跟着暖了起来。

对一个人最好的帮助便是信任,唯有这种意念,能抗过所有流言蜚语。

如果世人对你恶言相加,我会因信任,为你说上一世好话。

暖暖

我的睡眠也开始好起来,有时候还有点儿赖床,可能是前一段时间太缺觉。

周一的早上,两个闹钟轮番叫醒了我,一看室外还是那样的漆黑静寂,但是得起床了。

我迷迷糊糊地走到盥洗室的梳妆台前,抬头看向镜子,突然发现脸上出现了好几颗青春痘。我单纯地以为这是梦境,但一掐这个痘,还隐隐作疼。本姑娘可是"外貌协会"的超级VIP,我真的要疯了。

赶紧趁隔壁没醒,冲了个澡,用遮瑕膏细腻掩盖了这个可恶的痘痘,匆忙去上课。今天的痘痘还算自己能接受的程度,到了第二、第三天,我的脸出现了更深重的灾难,开始大面积爆痘。

我向Ross女士千求万求请了个假。别人上超市买零食,我悲催地跑去药房,买了一盒看似价廉物美的药膏。这支软膏只需五美金,我按说明书指示涂在了脸上,却仍无济于事。

第二天,痘痘不仅越来越扩散,脸部还出现蜕皮、过敏的迹象,心情糟糕到了极点。

上课时，我的心思都在我的痘痘上，历史课上，老师在讲述非洲奴隶社会的发展史，我一个字都没听进去。此时我的脸就像一张灾难深重的奴隶社会的发展地图，自己也深深地成了痘痘军团的奴隶。

我悲伤地想，除了生死，没有什么事比一张光滑的脸蛋更重要了。

到了周末的晚上，总算能消停一下。万籁俱静，我躺在床上，怎么都无法入睡，只听得两个闹钟"嘀嗒""嘀嗒"地呼应，现在是凌晨1点半。我上网查了一下自己的症状，发现自己可能得了激素性皮炎，又控制不住地抓挠瘙痒最严重的T字区。

无意间，我的手触摸到了枕套，妈呀，这褪下的皮竟然多得可以抓上一把了。

"毁容啦！"我叫喊着跑出寝室，使劲地敲Brown夫人的房门，仿佛大水冲了龙王庙，屋顶都快被我掀开了。

我在门外等了好久，她才走了出来："OH MY GOD, what happened? Do you know what time it is?（我的天啊，发生了什么事？你知道现在几点了吗？）"

"我当然知道，现在是半夜3点，可是我的情况十分危急，我需要您的帮助。"

Brown夫人和我一起走到客厅，开亮了大灯。客厅里已经听不到任何房间的声音，大家都安静睡去。

她粗略地打量着我满脸的痘，说是已经了解了我的情况："It's not emergency. Go to bed, now.（这不是什么急事，现在给我回房间睡觉。）"

她关掉了客厅的大灯，转身就走。

那一刻我感到十分无助，泪水顺着脸颊径直往下流淌，每触及脸上那块

第五章

区域的时候，都有一种钻心的疼痛。如果在中国遇到这样的事，父母一定半夜就带我去看急诊。这位 Brown 夫人，你不是在开学的欢迎会上说过，任何事情、任何时候都可以找你解决嘛，但是这个"任何"怎么就变成"有时"了呢？

又过了一天，我洗漱完毕，刚背上书包准备出门，Ross 女士就来寝室门口堵住了我。

"半夜打搅 Brown 夫人是很不礼貌的。"

"我的脸要毁容了！"我气急了。

"爆痘这样的事情很多学生都发生过，不用紧张，你可以和护士联系，如果再有需要可以预约医生。"

我特别委屈地回到了自己的房间，看着镜子里的自己，整个人都是崩溃的，虽然后来在留学经历中我才慢慢了解到，我的痘痘不是急病，这样半夜去敲老师家的门是非常失礼的行为，但是中外的文化差异远比我想象得多得多。

我开始了艰难的治痘历程。学校的护士让我再观察一段时间，但我执意要约医生。护士说医生三个星期后才有空。我觉得简直不可思议，在魔都，看医生是分分钟的事，急诊、特需门诊应有尽有，可在全世界最发达的美利坚，竟然还存在看病难问题。

我只能采取自救的办法，在校园留学生微信群里求助。四十多人的微信群，经常有遇到困难的同学提问，大家都很热情地解答。有时候只有出了国，才会真正理解"团结就是力量"的含义。

很快，一位已经毕业的学长向我推荐了药膏，也有人推荐了几位医生。药膏我是不敢再擅自涂抹了，医生那里我联系了一下，更是离谱，所有人都需要预约，一个月后才有空。

一个月，我都自愈了吧。

我的心情随着痘痘的增多，也越发糟糕，雪上加霜的是，睡眠也越来越差，每天恍恍惚惚、无精打采。

一天傍晚，Anna 学姐来到我的寝室，还给我带了水果，她告诉我，她曾经也在刚来美国时爆过痘，生过病，还遇到过各种水土不服的事，那时候，她的情况比我更糟糕，所以她特别能理解我现在的心情。

我诧异地看着她，原来女神也曾落入过"凡间"。由此看来，优雅的气质磨炼有很深的含义。不乱于心，不困于情，不畏将来，不念过往。

Anna 学姐说自己刚来得州的第一年，也因夏秋换季而出现同样的状况。她还给我带来了一个惊天好消息，她推荐的一位医生史蒂文，下周二便能去面诊。

连日来因为痘痘爆发的紧张心情，在她的安抚下有了很大的好转，这个时候我才发现，人在遇到挫折的时候鼓励有多重要。

就这样，我去了史蒂文医生那里，花了整整 100 美金配了一种很神奇的药膏，我的痘痘迅速地在变好，心也在为这昂贵的医药费滴血。

就这样不知不觉中，感恩节到了。

每年 11 月的第四个星期四是美国的感恩节（Thanksgiving day）。

感恩节是一个古老节日，也是美国人合家欢聚的节日，每家每户都张灯结彩，它的隆重程度仅次于圣诞节。人们烤火鸡、送食物、摆餐桌、做游戏。说起摆餐桌，我听说美国人的感恩节餐桌的布置也很有特色。主妇们不是照往常一样摆放鲜花，而是放上水果和蔬菜。中间通常会放上一个大南瓜，周围堆放些苹果、玉米和干果等。有时人们还把苹果或南瓜掏空，中间放满去壳的干果或者点燃蜡烛，待到夜晚来临的时候，别有一番节日的

第五章

气氛。

我总觉得美国人的很多节日比中国人的一些节日仪式感更强，亲情味也更浓，我的思乡情绪又被带动起来。

父母似乎洞察了我的心思，给了我一个意外的惊喜，说他们马上会来美国，全家人可以去旧金山玩上四天，我高兴得在宿舍里跳起了少女时代的舞蹈。怪不得之前我妈妈老是在电话里试探我，问我感恩节怎么安排，现在看来，一切都是套路。

旧金山是我特别喜欢的地方，温润的气候、富有历史的复古酒店、繁华的商店和街道、密布如织的各种餐厅。还有韩国街、日本街，就像是另一个功能齐全的上海。天晓得，我居然连续两个下午泡在卡拉OK里。这里的KTV和国内的完全没有可比性，昏暗的灯光，老旧的电视屏，唯有情怀使得我释放。

父母去逛街，留下我一个人包场，一直从下午两点唱到天黑，乐不思蜀。

或许是心情使然，我的痘痘基本好了，一张光洁自信的脸又回到了秦小柔的身上。

在旧金山玩了四天，我才依依不舍地送走了父母，目睹他们与我渐行渐远，淹没在肤色各异的人群中。愉快的旅行总是短暂的，不过一个月后，我又能重归故土，再次与他们团聚。

我的确有些舍不得他们的离去，希望他们能一直待在这里，陪我度过整个学年。

可是我知道，这只是一种希望，当我开始留学生活的那一天，我要面对的就是孤独和挫折。

我整理了下情绪，重新投入学业中。

离别的舞会

运动成了我全新的解压方式，它可以分泌一种叫多巴胺的物质，这种物质就像是寄存在人体内的可爱孩童一样，能让人的心情随之愉悦。

我每天都抓紧完成作业，拽上热爱运动的 Alice 和 Fiona，去操场跑步，很多次都偶遇 Watson。

他非常乐于助人，也爱帮助我解决一些物理和数学上的难题，我自己得利的同时，两个人的距离也在拉近。

晚上 9 点，一弯明月高挂天空，配上操场顶部的日光灯，照亮了整个昏暗的操场。蚊蛾在草坪肆意地低空飞舞，给寂寥无人的校园添加了一份生机，也如同无头苍蝇般，时常撞到正在卖力狂奔的我。

我已有三天没在绿茵场上见到 Watson。有点担心，他是不是出了什么事，出于朋友间的关心，我还是发短信联络了他。

"这两天跑步，都没看见你。"

"忙着复习 AP 考试，时间少啦。"

"噢，那你专心复习，5.5（满分）必须是你的。"

"嗯，努力，争取。"

第五章

我这个尬聊小能手就以这种方式终结了我们的会话。不过,好在我也清楚他没来跑步的原因,是正在努力备考难度系数超高的大学预科。知道他依旧身强力壮,我就放心了。

突然,手机屏幕上弹出一条信息,我估计又是中国学生群里的某位奇葩,大晚上也不消停,准备上演一番表情包轰炸。

我漫不经心地打开手机,发现根本没有弹出什么群消息,而是Watson的一条新消息提示。

"你待会儿跑步吗?"

跑步?学长请我去跑步,我有什么理由不去?!我高兴得一蹦三尺高。

裹着浴巾的Sally一脸惊愕地打开房门,直勾勾看着我。

我赶紧恢复了原状,仿佛什么事情都没有,独自盘算了许久。

为了保持一个女生最基本的矜持,我的所有喜悦之情就幻化成两个字:"去呀"。

操场上安静得一根针掉地上都能听见,我到的时候Watson已经开跑了。

我追了上去,努力跟上他的脚步。他的步伐匀速,稳定带有规律。我通常一边听歌一边跑步,还常常分心,与国内的朋友侃几句大山;而他连跑步都那么专心,我跟在他身后跑完了一圈,他才发现我的出现。

"总算追上你了。"我大口喘着粗气,累得半蹲了下来。

他摘下了耳机,一手捋过额心的汗:"抱歉啊,我才看到你。已经跑三圈了,没注意到。"

"没事,我跟着你跑了一圈。"我发自内心地笑了出来,"每天坚持跑步,真不容易哈。"

"养成习惯就好。"他似乎正在找自己的水壶,我识趣地从地下捡起水壶，打开瓶盖，递给了他。他已经渴得不行了，大口往嘴里灌水，转眼间，水已经消失了半瓶。

"那我们继续咯。"他使了一个眼色，继续这段只属于我们俩的夜跑之行。

两个人并排跑，免不了尴尬。我能感觉到他的步伐刻意为我放慢，我也有意加快了步伐。我们两个终于处在了同一平行线上。他稍事休息了下，打开了手机屏，显示的播放曲目是梁静茹的《暖暖》。我印象中的Watson应该爱听卡农这样的名曲，或是轻音乐，没想到和我有着相同的喜好。

"你也喜欢听梁静茹的歌？"

"是啊，你也喜欢？"

"你最喜欢哪一首？"

"《情歌》《情歌没有告诉你》《丝路》《燕尾蝶》，都挺好。"

"巧了，她的歌我也都喜欢。"我们一来一往开心地聊着。

"喏。"他将一只耳机递给了我，我还没明白发生了什么状况，左边的那只耳机就塞进了我的耳朵里。

"慢慢来却比较快，来得快去得也快。烟火痛快，到头来却空白。"

"换一首，换一首。"我赶紧按下了箭头。

"Fly away，无穷无尽是你深邃的眼睛。看着你，就能够让我茫茫人海里感到安定。"

"Who's there？"美好的气氛被一个熟悉的中年女声打断，借着远处微弱的探照灯光，我看清了那是Ross女士。

"Come back."她把我俩叫到她面前。

"怎么啦？"我们有些局促地起身，我完全不知道发生了什么。

第五章

Watson 示意我不要发声,所有的话都由他来说就好。

"What are you two doing?(你们俩在干吗?)"Ross 女士面部表情有点狰狞,对我和 Watson 发起了质问。

"Just exercising in the field.(只是在操场上运动。)"Watson 冷静地回答。

"Exercising? Interesting.(运动?有趣。)"Ross 女士的这句疑问句似乎别有深意。

"Watson, I have to talk to you." 说完这句,她转头看我,"Vivian,你先回房间。"

意思很明显,她要单独和 Watson 谈谈。

我有些担心地看着 Watosn,他用眼神表示不用担心,我这才缓缓地离开。

回到寝室,我彻夜难眠,吊着一颗慌张的心,最后还是硬吞了颗褪黑素才睡着了。

次日早上,我忐忑地来到食堂,打包了一个墨西哥卷饼,准备边走边吃,在半路上我遇到了 Watson,他把我叫到一个小角落。

"昨天 Ross 女士和你说什么了?"我着急地问。

"她怀疑我在和你……谈恋爱……"他迟疑了片刻还是说了出来。

"她脑洞太大了吧?"我对 Ross 女士的担忧忍俊不禁。

"不过我也和她解释了,我们只是朋友,没有恋爱,所以你可以放心。"Watson 看出我的担心,安慰地说道。

我看着 Watson,说真的,虽然我很崇拜 Waston,但是从没想过如此优秀的 Watson 能看得上我。

过了两天，妈妈也给我打来了电话，说 Ross 女士找了她，问她是否知道我在和 Watson 交往。Ross 女士在电话中大大夸奖了 Watson 一番，称他是品学兼优的好学生。考虑到我未满 16 岁，还是未成年人，而 Watson 暑假里就过了 18 岁生日。但凡有事，一定会追究 Watson 责任的。

妈妈并没有要求我做什么承诺，只是告诉我，我们每个人要对自己做的事负责，她相信我能做到。

"我和他真的不是男女朋友关系。"我与妈妈解释。

"妈妈想告诉你，即使哪一天发展到了那种关系，我也支持，前提是要互相进步。另外，把控好程度。"

"知……知道了。"我挂断电话。

一年一度的舞会时间到了。女孩子们都提前做着准备，每天课间和放学后，大家最热衷的就是关于舞会的话题。

我也悄悄地注意到，好几位女生的食量都似乎小了，心照不宣的是，我们需要穿上最美的礼服长裙。当然最最关键的是要有最心仪的男舞伴的邀请。

我早已备好一件中国红蕾丝绣花的抹胸礼服，它中西合璧，将中国的旗袍元素巧妙地融合到西方的抹胸设计中，尤其适合肤质白皙细腻的中国女孩儿穿着，再加上烈焰红唇妆，一定会成为晚会的焦点。

由于对它的钟爱，每所学校的小活动前，我都会试一下这件衣服，但始终没舍得穿，成了我典藏的珍品。

这一次却是大大的不同了。

Watson，这位多少女生朝思暮想的男神向我发出邀约，让我成为他这次活动的舞伴，我一定要打扮隆重地去参加才行。

第五章

终于,舞会的这一天到来了。活动前,我早早地敷上面膜,精心地打扮了一番。

舞会当天,所有男生都在宿舍门口等待自己心仪舞伴的出现,通常都要等上好久才会等到盛装出席的女生们。

Billy 焦急地看着钟表,等待 Alice 的到来。

一位暗恋了 Sherry 好久的墨西哥男生,对名模刘雯、杜娟这类的丹凤眼女生情有独钟,正在翘首以待风情万种的她出现。

Watson 早早守在了宿舍门口。远远望去,他穿着一套亮黑色燕尾服,大背头更是凸显出了他的男性魅力,胸前的白衬衫纽扣只扣上了三颗,还有几分成熟男生的性感。拿着捧花的他,俨然就是一副魅力十足的行走衣架。

"能被男神青睐,实在太不容易了。"Simon 开了几句善意的玩笑。我能感到 Anna 学姐的神情,似乎低落中又带有一丝成全。

我们乘坐了一部加长林肯到达晚会现场。房车内设施齐全,更加强了我未来努力赚钱的动力。

Watson 就坐我身旁,我害羞得都不敢主动找他攀谈。他慢慢靠近我,微笑地对我说道:"今天的你,真美。"

我突然感觉到自己的心跳,在这一刻发生的剧烈反应。

这期的晚会主题是 GALAXY 星系,会场的主色调是空灵的湖蓝,和闪亮的荧光亮片混合在一起,颇有一种陷入宇宙的幽秘感。舞伴都以挽手的形式出现。女生都勾上了男生的小臂,步上了红地毯。

Watson 抬起手臂,示意我挽上他,我小鸟依人拉着他的衣袖,踏上了红毯。许多外国同学都投来了讶异的目光,盯着我俩来回打量。

"Vivian, you look so pretty!" Sophia 上前给了我一个大大的拥抱。

或熟悉或陌生，许多外国同学都热情地向我们投来了真心的赞美。

我在甜品桌旁看到华人学生群里以死宅著称的一位学长，和一个沉浸于二次元世界的学姐，他俩听闻我与Watson一同参加舞会的消息，特意打扮了一番，就为目睹以往心如止水的他究竟会在舞会上有怎样的表现。

那位身着洛丽塔服饰的学姐把我拉到了一边："学妹，你知不知道，他以前，都不参加舞会的。"

"啊，为什么？"我有些惊讶。

"他就是一座死冰山，平时寡言少语，除了学术方面的峰会，一切活动均不参与。"她又说道，"所以看来，他对你挺用心啊。"

"是吗？"我假装毫不在意，其实心里早已经乐开了花。

另外一个男生看了那个女生一眼，无奈道："我跟你说啊，这人以前可喜欢他了。"

"去去去，人家早就无感了。"那位女生噘着小嘴说。

我捂住嘴笑了起来，感叹Watson的魅力真的很大。

"你们在聊什么呢？"Watson找到了与大家打成一片的我，"走，该开始了。"他当着众人的面对我上演了摸头杀，我乖乖拉上他的手，走上了舞台。

DJ播放着世界各地的流行曲目，多以抒情的慢调为主。伴随着贝多芬的舞曲，Watson带着我跳了华尔兹，又在墨西哥舞曲下扭了起来。

一向高调的Billy和Alice霸占了舞池中央的位置，Alice朝我看了一眼，颇有种"老娘已经把他搞定了"的架势。

我幸福地在舞池内随着他的步伐转动，灯光从头顶漫下来，伴随着音乐晃动，第一次和Waston靠得这么近，我甚至能听到他的呼吸声和心跳声。

一种幸福和平静的心情滋生着。我好希望时间就这样慢慢地移动。

第五章

最后一段音乐是贴面舞，配上名曲"Que Sera Sera"，小情侣们都纷纷想登上舞台中央。

我感觉到身后有一把力量推动着我，我一回头：Alice，Billy等几位本土学生将我们推上了中心的位置。其他同学不停地将目光投向我们，我也礼貌地回笑着。

整场舞会，我一直没见到Jackson，直到站上那高高的看台，我才注意到站在角落里若有所思的他。

时间就这样飞逝着，一转眼，两个半小时的活动结束了。

Watson随着人流送我回寝室，路上却一言不发。我看向他，能肯定他有心事，刚要开口问，Watson说："Vivian，我有件事想告诉你。"

"你的任何事我都支持，只不过，是与我有关吗？"我看他有点吞吞吐吐，大胆地猜测了一下。

"下学期，也就是高中的最后一个学期，我可能要去中国做一个实习项目，会经常不在学校，我们可能会很少见到了。"

这个消息来得有些猝不及防，我心里突然涌起一阵酸楚。

"没事啊……我们还可以微信联系……"我艰难地说出这句话，眼泪在眼里打转，我拼命忍着才没让眼泪掉下来。

"你听过梁静茹的现场吗？"Watson看出了我的变化，赶紧转移话题，想打破这份悲伤的情绪。

"没有，她的演唱会每次都在2月的情人节，学校不给假。"我低落地说。

"那明年暑假的上海场路演，我请你看。"他这句话像是安慰，又像是给了我一道曙光。

"好，一言为定。"我俩相视而笑。

"宿舍到了,今天累了吧,早点休息。"Watson柔声说着。

我才发现,不知不觉已经走到了宿舍门口。

"你要多保重。"他伸出手拥抱了我,跟我道别。

"我等你带我去看演唱会。"我在他的怀里,说出了这个约定。

月色星空下,所有的一切不需要过多的言语,全都融化在了这个拥抱中。

这是属于我们两个人的约定。

回到房,手机屏就亮了起来,跳出了一条来自Jackson的消息:可能现在说有点迟了。Vivian同学,其实我是想邀请你成为我的晚会舞伴,但怪自己太尿,没能迈出这一步。看你今晚玩得挺开心的,就好。

我犹豫了片刻,打上了简短的六个字:谢谢你的欣赏。

约定的再见

新年到来的一个学期,我的学习进入了正轨,课程的压力并没有难倒我,我的成绩一直稳定维持在全A的水平。

正好《欢乐颂》的热潮还未过,我从中获取了许多灵感,萌生了在网络上写小说记录生活的想法,想通过小说告诉即将到达美国的高中留学生们,在外学习的真实生活。

于是每周末晚上,我的闲暇时间都投入到码字上,不到一个月,一部五万多字的短篇小说《留学修炼手册:求学美国,有些雷区不用踩》便顺利完工。

我一直觉得自己是被上天眷顾的幸运儿,很快一家影视公司在MARS小说网上找到了我,希望能获得小说拍成电影的版权。在中国,留学热带来了这类题材影视剧的红火,来得早不如来得巧,这可是我在写作时万万没有想到的。

很快,这部小电影的制片人徐露小姐在给我的越洋电话里夸赞了我:"小姑娘,我看你有做编剧的潜力,将来学成回国后记得联系我,多给我们的剧本提提意见,说不定还是一名优秀的美女编剧!"

我将这句戏言讲给了爸爸妈妈听，他们兴奋地与纽约的朝华阿姨进行了讨论，朝华阿姨建议我转学到纽约或新泽西附近就读高中，这样我就能在每周日去纽约大学上针对高中生的编剧课程了，艺术梦就更能早日实现。

我有些舍不得得州的老师和同学们。这里仿佛已经成为我的第二故乡，但是想到我的未来，我还是想踏入艺术这个行业，所以考虑再三，我毅然做出了转学的决定。

5月下旬的一天，考完最后一门课，我放松下所有的情绪，但随即想到还有两天就要打点行装离开得州，我又怅然若失起来。

我漫无目标，步履缓慢地走在校园里。

我想最后仔细看一眼这个待了一整年的校园，初夏的校园已是花的世界。又是一年夏来时，何必自寻烦恼，散落的桃花瓣足以覆盖所有离别的惆怅。走到了那个熟悉的泳池边，我特意俯下身嗅了嗅，居然还颇爱这漂白粉的味道，满满的都是回忆。

"Vivian，Ross女士找你，赶紧回一下宿舍吧！"我看着Alice心急火燎的模样，以为是遇到了天大的事，掉头就往回赶。

一进宿舍大门，只见所有的宿管老师和同学，都在客厅里迎接着我。

客厅的墙上挂满了画，还有记录珍贵回忆的相片，都是各位同学给我留下的纪念，每一个相框上都配上了大家对我的衷心祝福。客厅的大桌上满满当当全是美食，仿佛全年所有的曲奇饼、蛋糕和烤肉都在我的眼前。Brown夫人还特意为我在隔壁华人餐厅准备了一道中国菜——西蓝花炒牛肉。

原来这是Ross女士授意Brown夫人精心安排的一次欢送会，他们在我离开这所学校之前，给了我一个惊喜。

Sherry缓缓走到了我面前："小柔，之前我做了很多对不起你的事，请你

第五章

原谅我,我是真的很欣赏你,也希望你越来越好。"她交给了我一盒最近卖断货的人鱼眼影盘和化妆刷,然后来了一个巨大的拥抱。

Alice 的告别方式可是不同寻常,她捏了一下我的脸颊,对我说:"喂,以后成了大编剧,可不许不理人。"她轻轻踢了我一脚,两行眼泪顺着眼角流下,后来,索性抱紧我大哭了起来。

Jackson 也默默出现在我面前,送了我一把充满纪念意义的菖蒲扇,扇子上只有一个"福"字。

"这把扇子是跟随了我六年的贴身物件,前天我正好去了华人开的一家书画店,买了笔墨纸砚,给你提了字,希望你永远幸福。"

Cecilia 也出现在了我面前,她的精神状态看起来好转了许多,面色变得红润有光泽。她不再如以前一样缺乏自信,反而帮我拍了拍眉间的浮粉,两只大眼睛怀有深意地看着我:"待会儿还有个巨大惊喜。"

我准备回房间打包行李。一打开房门,就看到一串粉红的气球铺在了地上,Brown 夫人的两个孩子亲手做的手工放到了我房间的书桌上,那张 Hello Kitty 的贺卡内有一张我的画像,一旁的文字写着:Wish Ms. Vivian all the best.

最后的最后,巨大的惊喜出现,Watson 手捧一束天竺葵走到我面前:"玫瑰太俗了,知道你喜欢粉色,送你一束天竺葵,愿你天天开心。"

我的眼泪又浸湿了眼眶,他宠溺地刮了一下我的鼻尖:"别哭啦,哭花了妆就不好看了。"

他的微笑有种魔力,总能在悲伤之时暖人心田:"又不是见不到了,还约定一起去看演唱会呢。"

"嗯,等你。"

"乖，我也等你。"

天色渐渐暗了下来，同学们渐渐散去。

好久没有过深入交流的 Ross 女士走到我身边："你真像我年轻的时候，那时候我也有着自己的艺术梦想，但因为家庭的突然变故而不得不选择放弃，每每看到你，我常会想起以前的自己。"她鼓励地拍了拍我的肩膀，"I want to let you know that you are perfect. Be yourself, and be brave to chase your dream.（我今天要让你知道，你很优秀，你一定要记得做自己，勇于追逐梦想。）"她对我说道。

这时，Ross 女士拿出一张照片，相片的画质已被柔化过度，泛黄的照片上有一位身穿英格兰碎花连衣裙的十六七岁的女孩。她有一双纯净的大眼，优雅甜美地微笑着，我这时才发现，自己和来自英格兰的 Ross 女士还真有点像。

我看着此刻的 Ross 女士，发现之前她的严肃不过是英国人情感之含蓄。其实她一直都很关心我。这一刻我再也绷不住自己的离别之情，一把抱住了 Ross 女士，答应她日后一定会勇于追梦，有所作为。

两天后，我离开了得州回到了上海，过上了一名近乎专业编剧的职业生活。

买下我小说影视版权的公司为了培养我，也花了不少精力。每天吃完早饭，我就开始大量阅读书籍，从王小波的《黄金时代》到东野圭吾的《白夜行》，各式各样的风格都必须好好拜读，并且尝试撰写。

同年的 8 月下旬，我踏上了独自前往新泽西的征程，我开始了 homestay 生活，这是一家非常民主，男女主人都非常浪漫且时不时给我惊喜礼物或活

第五章

动的华人家庭，我在当地一所艺术方面非常优秀的综合高中继续留学，日子过得十分充实，每周日都会乘火车到纽约大学上编剧课程。

同时，我与Watson始终保持着联系。他给我通报自己考取了纽约大学stern商学院的喜讯。要知道，纽大商学院是全美排名数一数二的商科学校。住在新泽西那么久，我还没好好去纽约逛逛。

他说纽约和得州很不一样，如果说得州是个村，那纽约就是最受万众瞩目的繁华之都。学霸无论到哪里都是学霸，他开始了他的全新生活，大学成绩仍旧一斩众生、稳居前首。

人生有太多的不确定性，也有太多未知的美好，关键要看自己的意念去向哪里。

留学的这段旅程教会了我坚强地面对未来，让我从那个懵懂的小女孩儿一点点地成长起来。

2018年9月9日，9时03分，我迈进了NYU的大门，开始了全新的旅程……

番外

关于小柔和 Watson 的新篇章

我知道你们还没看够小柔和"屈臣氏"小哥的感情线,所以小柔同学还交给我个神圣的任务——给出番外,这可给我挖了一个不小的坑。

那是一个阳光和煦的午后,树叶被风吹得沙沙作响,一片嫩绿色的叶子掉在了秦小柔的大长裙摆上。

迎面走来了几个中国男生,有她熟悉的Simon和Jackson,还有她知道但是叫不出名字的另几张面孔,他们各种无厘头的服装搭配令秦小柔咋舌,或许这就是这个年龄段男孩儿的穿衣风格。

但是走在最里端的那个男生似乎是一股清流,或者说,他就是一个发光体,浑身上下都闪耀着光芒。他没有背浮夸的MCM挎包,也没有脚踏高帮潮牌球鞋。他的右手捧着一本《宏观经济学》,神情严肃地拨动着手机。脚上那双单色白球鞋干净得没有一点污渍,身上那件干干净净的白衬衣是故事的开始。

甚至,秦小柔在想,如果初次见面,他没有穿那件白衬衣,故事可能就不会发展到今天,因为她就是个不折不扣的衬衫控。

后来,就是小柔和他的第一次邂逅。

她认定，Watson 的发光体特质是天生的，只要有人群，他就有光芒。人群越是嘈杂，光芒就越是夺目。

小柔很欣赏能安静下来的人，因为她的性格喜闹，虽不是个像 Alice 一样的交际花，但平日里也热爱社交，并且和一大帮人玩在一块。她非常想认识一下面前这个男生，或许只是简单地交个朋友。

于是，16 岁的她生平第一次在男生面前寻找存在感，只是能让他注意到她。而他真的注意到她了，后来慢慢地，两人互相留了联系方式，甚至有那么几天聊到了深夜。我问小柔，她说连她自己都没想到，她的存在感反而也被找着了。

面对那么多选择，这位龙眉凤目、面如美玉，还带有一点人畜无害的小哥是怎么注意到她的？小柔想了好久，淡淡地回复道：可能是我多面的性格，还有略微有点小趣味的灵魂。

灵魂这个词，一下子击中了我。有趣的灵魂啊，是一辈子恋爱的药。

想想也是，Watson 是一位闷骚的男生，内心世界一定十分丰富。白天是个阅读《宏观经济学》的冷面学霸，这样一个人，居然会在空闲时间听野性的 hip-hop，在操场后面那块草坪上练起 breaking & popping（嘻哈舞种）。他也有柔情的一面，会在运动之时听梁静茹的歌，追最近最流行的《欢乐颂》……

想不到，你是这样的"屈臣氏"。

然而，小柔也是个多面体，感性起来的她像一只玻璃心的小白兔，理智时又十分果敢，能游刃有余地处理正事。静若处子，动如疯兔，也是她对自己的评价。

后来 Watson 终于在小柔面前坦白，他好多次溜到小柔的美术课堂外看过小柔作画。那天她正在画一个油彩静物,是一支抽象派的长笛,色彩间的碰撞着实让全班同学对她刮目相看,一节课下来,每个外国同学都围在她身边,夸她细腻的工笔。他为小柔工笔画呈现的精细清馨与抽象意的结合之美所折服,他觉得这样的女孩子定有古典恬静和风骨富丽的一面;可动可静是他欣赏的女生类型。

还有一次,他透过门缝看到了小柔正在演绎《悲惨世界》里芳汀的一幕。一个16岁的小女生,能够放下传统中国学生的胆怯和包袱,将一个中世纪受生活所迫的妓女演得如此惟妙惟肖,此般的风情又是另一个对立面。就是这样的一个充满千面可能的女孩儿,让他有点着迷。

就在Ross女士找到Watson问起他俩在操场上跑步那件事的第二天,Watson送给了小柔梁静茹新专辑的上册,还在"静"字上用银色的笔画了个圈,下面写了一个词:waiting。

这张专辑的封面设计极为特殊,画面上印着半颗心,另外半颗心即将出现在梁静茹新专辑的下册。而Watson也向小柔发出一起去看梁静茹第二年的演唱会的邀约,两人一起等待着偶像的下一次演唱会,寓意正好贴合那个"waiting",心由另一半填满。

小柔准点赴约,她的手机尾号居然被抽中,她成了幸运观众,免费获得了封面上印有另外半颗心的专辑,老天爷仿佛在故意制造机会,帮助这天造地设的一对。

她抹着激动的泪水,从工作人员手里拿到了专辑,在"waiting"后加了两个词:for you. Waiting for you,是我对你的等待。

等待,是最长情的告白。

他们手拉着手,挥舞着粉色的荧光棒,耳边萦绕着 *Fly Away*:

番　外

这一次是我自己为自己下的决定

很小心你说慢慢来别怕来不及

如果我还有一点点不安或者迟疑

我不会对你的反应那么好奇

…………

我们啊，交集在这意外的假期

一定哪里见过你，一定曾经梦见你

Fly Away，无穷无尽是你深邃的眼睛

看着你，就可以让我茫茫人海里感到安定

Fly Away，当我不顾一切无止尽追寻

有一个人，有一颗心，早已经默默之中在那里。

在 Watson 毕业典礼之后的一天，他约小柔来到一家法式餐厅："你转学到新泽西，仅是为了实现你的艺术梦想吗？"

小柔莞尔一笑："你说呢？"

Watson 宠溺地揉了揉她的头："还是因为崇拜我吧。"

再一次相遇，是等待过后最好的回馈方式，纽约和新泽西的交汇仅仅是一小时的车程。纽约大学承载着这个男孩儿的一腔柔情，也同时承载了这个女孩儿纯纯的爱。

© 紫珊 2019

图书在版编目（CIP）数据

留学修炼手册：求学美国，有些雷区不用踩 / 紫珊著. —沈阳：辽宁人民出版社，2019.3
　　ISBN 978-7-205-09526-0

Ⅰ. ①留… Ⅱ. ①紫… Ⅲ. ①留学教育—概况—美国 ②中学—介绍—美国 Ⅳ. ①G639.712.8

中国版本图书馆CIP数据核字（2019）第007206号

出版发行：辽宁人民出版社
　　　地　址：沈阳市和平区十一纬路25号　邮编：110003
　　　电　话：024-23284321（邮　购）024-23284324（发行部）
　　　传　真：024-23284191（发行部）024-23284304（办公室）
　　　http://www.lnpph.com.cn
印　　刷：三河市国新印装有限公司
幅面尺寸：145mm×210mm
印　　张：7.5
字　　数：165千字
出版时间：2019年3月第1版
印刷时间：2019年3月第1次印刷
责任编辑：赵维宁
装帧设计：粉粉猫
版式设计：荼　荼
责任校对：张　帆
书　　号：ISBN 978-7-205-09526-0
定　　价：39.80元